節税を越える最強会計スキーム

99%の会社も社員も得をする給料革命

元国税調査官
大村大次郎

ビジネス社

まえがき

「明日から、あなたの会社の収益が2倍になり、社員の給料を3割アップする方法がある」

と言われたら、あなたはどう思いますか？

絶対に嘘《うそ》だと思うでしょう。

悪徳商法や、詐欺の話かと思われるはずです。

しかし、決してそういうことではありません。

その方法は給料の支払い方を変えるだけです。

今、会社が支出している人件費は、増やしも減らしもしなくていいのです。

ただそれだけのことで、会社の収益は倍増し、社員の給料は3割もアップするのです。

どういうことか、さわりだけ説明しますと、社員の給料には、税金が約2割、社会保険料は、労使負担分合わせて約3割が課せられています。つまり、会社が給料を払った場合、その約5割に相当する金額が、税金、社会保険料として取られているわけです。

これはけっこう莫大《ばくだい》です。

この給料に課せられている税金と社会保険料を極限まで安くし、それで浮いた分を会社と社員で山分けしようということです。

法人統計調査によると、日本の企業全体の利益率は4%程度です。そして人件費は、利益の4～5倍あるのです。この人件費の中には、税金、社会保険料が含まれています。だから、もし人件費の中の税金、社会保険料を大幅に節減できれば、日本中の企業の収益は簡単に倍増できるし、実質的な給料も3割増にできるのです。

その方法も、別に特殊なワザを使う必要はありません。タックスヘイブンを使ったり、ややこしい取引をする必要はないのです。

普通に会社が行っている会計処理の方法を少し変更すればいいだけのことなのです。外資系企業などは、すでに取り入れている方法なのです。

騙《だま》されたと思って読んでみてください。

絶対に損はさせませんので。

第3章 給料の代わりにレジャー費を出す

第4章　配当金、退職金を使った節税スキーム

第5章　年金受給額を減らさずに社会保険料を減らす方法

第6章 国のためにも「給料革命」を起こせ

第1章

税金と社会保険料ほど無駄なコストはない

税金と社会保険料ほど「無駄な経費」はない

事業において、売上をあげることと同じくらい大事なのが、経費を削減することです。売上が上がらなくても、経費を削減することができれば、その分だけ利益が増えます。

そして経費の中で、もっとも無駄なものというのは、税金だといえます。

税金は、見返りがほとんど期待できない費用です。経団連などの財界は、政党への献金はするけれど、法人税は下げろと言っています。これはつまり、企業にとって、税金よりも献金のほうが見返りが大きいということを示しているということです。

そして税金は、国民の皆さんが思っているほど、公平にはできていないのです。声の大きな人が得をする制度なのです。

たとえば、あの「トヨタ」が、２００８年から5年間も法人税を払っていなかったのをご存知でしょうか？

この間に、トヨタは最高収益を更新しているほど儲かっていたというのに、です。

もちろん、トヨタは脱税をしていたわけではなく、日本の税制上、法人税を払わないで済むようになっていたのです。なぜトヨタが税金を払わないで済んだのかというと、輸出企業の税制上の優遇措置などを駆使していたのです。

日本の税金というのは、輸出企業や大企業が得をするような制度になっており、様々な抜け穴があるのです。

消費税も、実は輸出企業や大企業に有利になる税金なのです。輸出企業は、「戻し税」といって、多額の消費税の還付を受けられることになっています。

昨今、法人税は減税されるのに、消費税の増税は続いていますが、その背景には「輸出企業、大企業への優遇」があるのです。

また、消費税が増税され、庶民の生活が圧迫される一方で、投資家や資産家の税金は、近年、急激に下げられています。相続税などは、バブル崩壊以降50％近くも税率が下げられているのです。

こういう日本の税制の中で、まともに税金を払うのは非常にバカバカしいことなのです。特に、サラリーマンは、なんら抵抗することもできず、なんの恩恵もなく、税金を取られっぱなしなのです。

また社会保険料も同様です。

公的年金が、非常にお粗末な方法で管理運営されてきて、世間の大きな批判を浴びたことは、皆さんご存知の通りです。公的年金が非常にズサンな扱いをされてきた中で、健康保険や雇用保険が、適正な管理をされているはずがないのです。詳細は後ほど述べますが、社会保険というのは、全体的に非常にズサンであり、政治家や役人がいいように利用しているのです。

この税金と社会保険はコストカットするに越したことはない、のです。

給料には約5割の税金、社会保険料がかかっている

実はサラリーマンの方々の給料には、莫大な税金、社会保険料がかかっています。平均的なサラリーマンの方で、所得税がだいたい10%、住民税が10%です。つまり、税金だけで20%も取られているのです。

そして、それに社会保険料がかかってきます。社会保険料は、健康保険と厚生年金を合わせて約30%です。

この30%は、会社側と折半して負担するという建前になっています。が、会社としては人件費の中でこれを支払うので、社員にとっては、本来、自分がもらえるべきお金から支払われているのであり、自分が負担しているのと同様のことになります。

つまり、税金、社会保険料を合計すると約50％なのです。

これって高すぎませんか？

この負担率は、もしかしたら江戸時代の農民よりも高いかもしれないのです。

江戸時代は４公６民などと言われていますが、実際の徴税はそれよりも緩かったことがわかっており、だいたい３公７民くらいだったと見られています。

このように「百姓は搾《しぼ》り取れるだけ搾り取れ」と言われていた江戸時代の農民のほうが今のサラリーマンよりも、税は安かったようなのです。

「社会保険は自分のためなのだから税金ではないじゃないか」

と思われる人もいるでしょう。

確かに、社会保険というのは、自分の医療や老後の生活のために負担しているという建前になっています。

しかし、これは強制的に徴収されますし、その使い方、運用の仕方は、国に委《ゆだ》ねられています。医療や老後の生活は、国が税収だけで賄《まかな》ってもいいはずですし、そういうふうにしている国もたくさんあります。だから、社会保険料というのは、事実上の税金だといえるでしょう。

しかも、日本政府の社会保険料の使い方、運用の仕方は、決して褒《ほ》められたものではありません。社会保険料は、税と同様に無駄遣いされている現状があります。

サラリーマンたちのこの高い、高い税金と社会保険料を、もし半分以下に減らすことができれば、どうでしょう？

そして、それで浮いたお金を会社と社員で山分けするのです。

人件費比率が一定以上の会社であれば、それだけで利益が倍増するでしょう。また社員の実質賃金を2～3割増やすことも可能です。

つまり、会社も社員もウハウハになるわけです。

社会保険料の高さは目に余る

前項では、現在の税金、社会保険料は、江戸時代の農民よりも高いと述べましたが、特に社会保険料の高さは目に余る、と言えます。

税金と社会保険料の計算方法は、かなり違います。

税金は、収入からさまざまな所得控除を差し引き、その残額に対して税金が課せられます。

サラリーマンの場合は、「給与所得控除」で収入の約30％が控除され、基礎控除、社会保険料控除、扶養控除などでだいたい１００万円以上が控除されます。

そのため、年収５００万円の人でも、課税所得は３００万円くらいになるのです。この３００万円に対して税率がかけられるのです。だから税率が10％と言っても、実際は年収の６％程度になるのです。

しかし、社会保険料というのは、そういう「所得控除」的なものがほとんどありません。年収５００万円の人の場合は、５００万円そのものに社会保険料が課せられるのです。だから、５００万円の約30％（事業者と従業員の負担の合計）がそのまま社会保険料として取られてしまうのです。

この社会保険料の大きな負担は、サラリーマンの生活を圧迫するだけじゃなく、事業者の経営も圧迫してきました。

しかも、です。

この社会保険料は、近年、急激に上げられてきたのです。

健康保険は、２００２年には８・２％でしたが、現在は10・０％です。しかも、40歳以上の場合は、介護保険の１・58％が加わっているので、合計で11・58％となっているのです。

つまり15年前は8・2％だったものが、11・58％になっているのです。15年の間に、実に4割近い値上げです。

厚生年金は、1980年までは会社と社員の負担分を合わせて9％程度、2004年には13・934％でした。しかし、近年急激に上昇し、2017年以降は18・3％になっています。1980年と比べれば倍になっていますし、2004年と比べても4割近い値上げです。

所得税は、バブル期に比べればかなり下げられてきているので、社会保険料だけがこんなに上げられているのは異様です。

なぜ社会保険料だけが、これほど急激に上げられたのかわかりますか？

少子高齢化のため？

いえ、違います。

もし少子高齢化で財源が必要だというのなら、一方で所得税が下げられてきたのは説明がつきません。

正解は「社会保険料というのは、上げやすいから」です。

国民は、「税金を上げる」というと非常に反発します。しかし、税金と同じ性質を持つけれども、「税金と名のつかないもの」に対しては、けっこう鈍感なのです。特に社会保険料の場合は、「少子高齢化のために値上げは仕方がない」と宣伝すれば、国民は簡単に信じ込んでしまいます。

そのため、これほど無茶な上昇となっているのです。

そして所得税に関しては、富裕層がうるさく要求していたので、高額所得者の税率を下げたのです。

なぜ家族企業の税金、社会保険料は安いのか？

給料のシステム改革を説明する前に、「家族企業」のことについて少しお話ししたいと思います。

日本には、経営者とその家族だけでやっている会社がたくさんあります。こういう会社は、税金や社会保険料が非常に安くなっているケースが多いのです。

たとえば、私が税務調査をした会社にこういうのがありました。

それは家族だけやっている小さな水道工事業者です。

社長の報酬は４００万円程度です。当時、30歳代だった私よりも少ないのです。

会社も税金をほとんど払っておらず、社長個人も報酬が少ないので税金はあまりかかっていません。

でも家はけっこう大きくて、車もいいものを持っています。生活レベルとしては、全然、私よりは上で、いわゆる「お金持ち」です。

なぜこういうことが起きるのでしょうか？

この会社は、役員や社員の「額面上の賃金」は非常に安かったのです。だから、税金や社会保険料は非常に安いのです。

しかし、その代わり、さまざまな会社の経費を使って、生活関連の費用を捻出《ねんしゅつ》していました。

豪邸は会社の名義になっており住居費はほとんどかかりません。自動車はベンツに乗っていましたが、これも会社の所有物です。

また交際費や食事代も、大半を会社の金で出していました。

交際費や食事代をただ現金で出せば、給料という扱いになり、税金や社会保険が課せられます。しかし、一定の手続きを踏めば、それは会社の経費で落とすことができるようになり、税金も社会保険もかからないのです。

さらに、野球観戦や遊園地などのレジャー関連費用も、会社の金で捻出していました。

だから、彼らは額面の賃金は安くても、「お金持ち」と同様の生活をすることができるのです。そして、額面の賃金が安いということは、税金、社会保険料が安いだけじゃなく、他にも様々な特典があります。

たとえば、保育園の保育料も非常に安くて済むのです。ここの会社の息子夫婦も、社員として働いていましたが、給料は小遣い程度しかもらっていません。だから、息子夫婦は、「低所得者」であり、保育園の保育料は無料のように安かったのです。

税務署の調査官だった私にとっては、なんとも癪《しゃく》にさわる話でしたが、すべて法律にのっとって行われていることなので、仕方がありません。

しかし、こういう恩恵は、家族企業だけじゃなく、やろうと思えば普通の会社でもできることなのです。

むしろ、なぜ今までやってこなかったのかが、不思議なくらいです。

すでに外資系企業の一部はとり入れている

前項では、「なぜ今まで、家族企業の節税策を普通の会社がやってこなかったか不思議だ」と述べました。

が、実は、このスキームを使ってきた企業もあるのです。

それは、外資系企業です。

以前から、外資系企業（欧米系）は、社員の税金や社会保険料を可能な限り節減しています。

外資系企業では、福利厚生などが行き届いていることを聞いたことがある人もいると思います。

外資系企業では、会社が住居を提供したり、託児所を開設したり、社員の生活に様々な恩恵を与えることが多いものです。なぜこういうことをするのか、というと、福利厚生を充実させることで、社員の税金、社会保険料の軽減を図っているのです。

賃金を全部、現金で支払うと、そのまま税金、社会保険料がかかってしまいます。しかし、賃金の一部を福利厚生という形で支払えば、社員にとっては、その分の税金、社会保険料が軽減できるわけです。

外資系企業は、税金に関して非常にシビアです。

外資系企業は、日本国に税金を払っても何の恩恵もありません。だから、日本に進出している外資系企業は、税金を極限まで安くしようとします。

そして、彼らは「会社の税金」だけじゃなく、社員の税金のことも非常に配慮しているのです。

同じ人件費を払うならば、「社員の手取り額が大きいほうが費用対効果は高い」ということです。

だから社員の税金、社会保険料を極限まで安くしているのです。

日本国に税金を払うくらいなら、社員の手取りを多くしたいのです。さすがは金銭感覚にうるさい外資系企業のやることです。

しかし、日本国に税金を払っても恩恵がないのは、日本の企業も同じです。また同じ人件費を払うならば、社員の手取り額が大きいほうが費用対効果は高いのも、同じです。

日本の企業も、外資系企業を見習って、社員の税金、社会保険料を節減するべきです。それは会社にとっても社員にとっても得になることなのです。

実質賃金は変えずに名目賃金だけを減らす

「サラリーマンの税金や社会保険料は、給料の額に応じて自動的に決まるものであり、減らしようがない」

と思っている人も多いはずです。

給与革命のスキーム

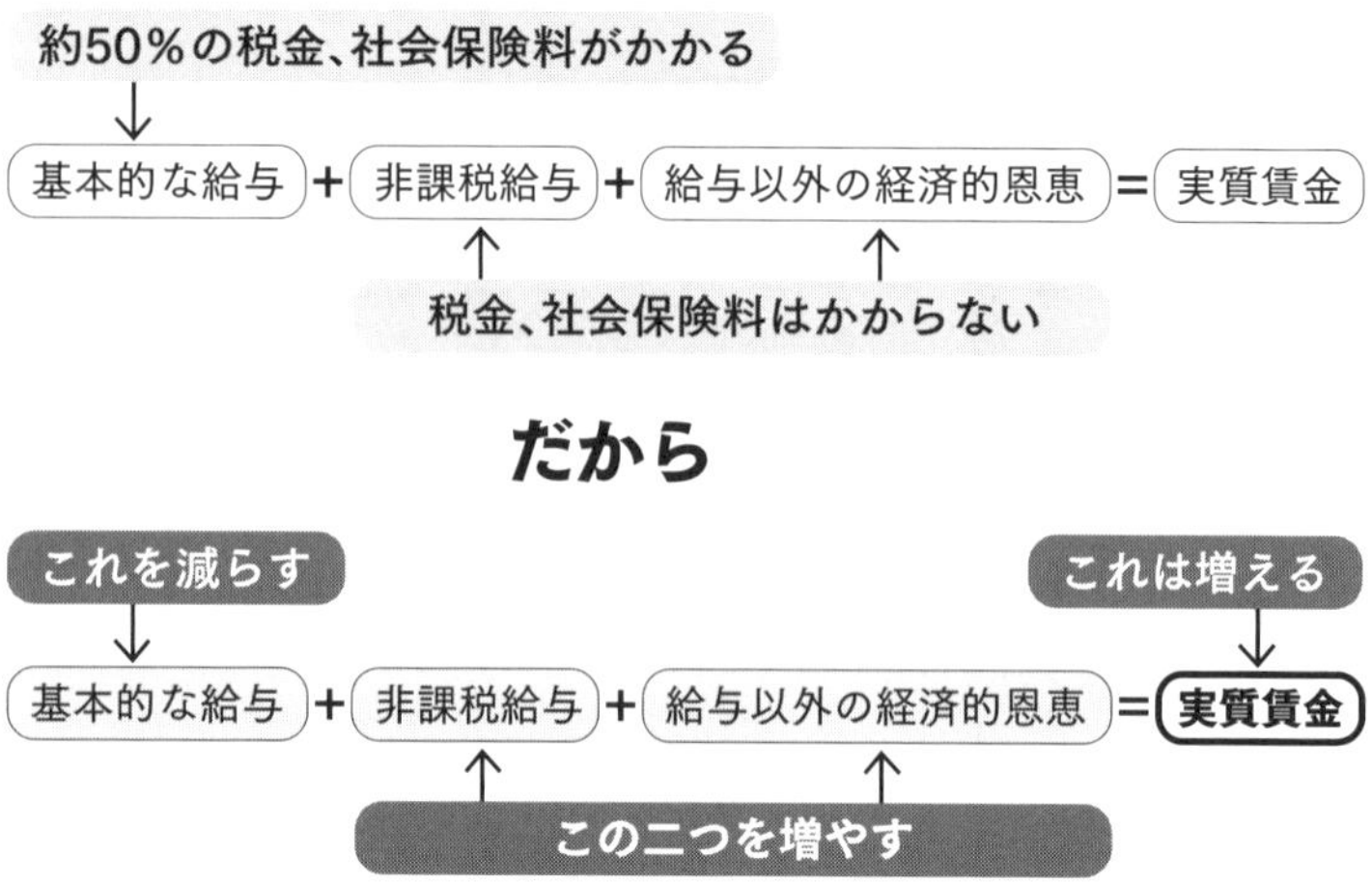

しかし、決してそうではありません。

確かにサラリーマンの税金や、社会保険料というのは、給料の額に応じて一定の比率でかかるようになっています。しかし、サラリーマンの給料の全額に税金がかかるわけではないのです。

実は、給料には、二つの種類があります。**課税給与と非課税給与です。**

簡単に言えば、課税給与とは、税金や社会保険料の「対象となるもの」であり、非課税給与というのは「対象とならないもの」です。

またサラリーマンは、給与の他にも、福利厚生など様々な形で会社から経済的利益を受けています。この給料以外の経済的利益に関しては、税金、社会保険料はほとんどかかりません。

もうおわかりですね？

税金、社会保険料の対象となる課税給与を減らし、対象とならない非課税給与や経済的恩恵を増やせばいいというわけです。

「非課税給与」「給料以外の経済的恩恵」はけっこう使える

しかも、この「非課税給与」「経済的恩恵」というのは、けっこう使えるのです。

課税給与とは、基本給など本来の給料部分です。

そして税法の中では、「給料であってもこれは課税しなくていい」というのが、いろいろ決められているのです。

実は、この「非課税給料」というのが、けっこう広い範囲で認められているのです。

たとえば、賃貸アパートに住んでいる人が、会社借り上げという形にして家賃を負担してもらった場合、家賃のほとんどは非課税給料になります。

社員としては、家賃を自分の給料から払っても、会社が家賃を払いその分の給料を減額しても、負担額は変わりませんよね？

しかし、自分の給料で家賃を払った場合は、その給料には約5割の税金、社会保険料がかかっています。10万円の家賃であれば、約5万円分の税金、社会保険料がかかっているのです。

会社からこれを払ってもらえば、5万円分の税金、社会保険料は支払う必要がありません。この5万円を会社と社員で山分けすれば、お互い2万5000円も得をするのです。

そして、非課税給与は、家賃だけではありません。

食事代、交際費、パソコン代、書籍代、スポーツジムの会費、はては旅行代まで、実生活の多くの経費を、非課税給与としてもらうことができるのです。

つまり、生活費の大半を非課税給与として受け取るようにすれば、課税給与を大幅に削減することができ、税金、社会保険料が、ほとんどかからなくなるのです。

それが、「会社も社員も潤う給料の払い方」の基本的なスキームです。

ただし、食事代、交際費、パソコン代、書籍代、スポーツジムの会費、旅行代などを無条件で、非課税給与として支払えるわけではありません。一定の手順を踏まなければなりません。その手順を紹介するのが、本書の趣旨です。

コストカットの切り札

企業活動の中では売上を伸ばすのと同様に、経費を削減することが重要なテーマとなっているはずです。

少しでもコストカットできるように、日夜、血のにじむような努力をされている社員の方も、多いはずです。

日本製品に輸出力があるのは、徹底したコスト管理意識があるからでもあります。

それほど、「コストカット」に関して厳しい日本の企業がなぜ、社員の税金、社会保険料について、無頓着《むとんちゃく》なのでしょう？

筆者はそれが不思議でなりません。

日本の会社の多くは、社員の税金、社会保険料を下げる努力をほとんどしてきませんでした。もし会社が社員の税金、社会保険料を下げる努力をすれば、会社側も人件費がかなり節減できるはずなのです。社員の税金、社会保険料を削減し、そこで浮いたお金を会社と企業が山分けすれば、相当な人件費削減になるはずです。社会保険料の会社側の負担額を削減するだけでも、人件費を１割減らすなどが簡単にできるはずなのです。

企業活動の中で、それほど簡単に、大きなコストカットができる機会というのは、あまりないはずです。

たとえば、製造業で原価を1割下げるなどというのは、かなり大変ですよね？

オフィスワークの企業にしても、諸経費を1割下げるのは大変なはずです。

また、もし人件費を1割削減するために、「給料を10％カットする」もしくは「社員を1割リストラする」となると、会社の中は大騒ぎになるはずです。

しかし、社員の税金、社会保険料を削減すれば、そういう大きなコストカットが簡単にできるのです。しかも、誰も痛まないし、むしろ社員も得をするのです。

もちろん、国の税収などは減ることになりますが、それは本当に国の将来のことを考えれば「良いこと」なのです（詳細は最終章にて）。

住宅手当、家族手当などは出すな！

日本の会社が、社員の税金や社会保険料に関して、いかに無頓着かという例をご紹介しましょう。

日本の会社の中では、給料の中に「住宅手当」「家族手当」などを出すところもけっこうあります。「住宅手当」というのは、たとえば典型的な例として全社員に対して「住居費として一律5万円支給する」というようなものです。

この「住宅手当」ほどバカバカしいものはないのです。

全社員に対して一律に5万円を支給すれば、それは税金、社会保険の上では、まったく給料として扱われます。つまり、その5万円は、税金、社会保険料の対象となるわけです。年間にすれば60万円です。税金、社会保険料は、平均的なサラリーマンでだいたい30万円くらい徴収されることになります。

しかし、この住宅手当を、全社員に一律支給などにせず、賃貸住宅に住む人は、その住宅を会社が借り上げるなどをすれば、会社が家賃5万円分を負担してやったとしても、その5万円のほとんどを、税金、社会保険料の対象からはずすことができるのです（詳細の方法は、後述）。つまり、30万円分の税金、社会保険料の徴収を免れることができるのです。

そして、賃貸住宅に住んでいない社員に対しては、住居手当の代わりに、他の福利厚生関係の恩恵を与えるのです。そうすれば、彼らの税金、社会保険料30万円分も免れることができます。

この30万円を会社と社員で山分けにするのです。全社員分となれば、かなり大きな金額になるはずです。

また家族手当も同様です。

家族手当というのは、扶養している家族1人当たり何万円かをもらえるという制度です。多くの会社で採用している制度だと思われます。この家族手当も、普通に支払えば、税金、社会保険料が課せられるのです。

たとえば、扶養している家族1人につき、月3万円の家族手当がつく会社があったとします。Aさんは家族3人を扶養しているので、月9万円もらっています。年間108万円です。が、この108万円には、税金、社会保険料がかかります。本人と会社の負担額を合わせれば、だいたい54万円程度かかっています。

もし、この家族手当を、普通に現金でもらうのではなく、福利厚生サービスとして受け取ればどうでしょう?

たとえば、子供には保育料の補助として月3万円をもらう、配偶者には旅行やレジャー費、健康増進などの補助として月3万円分、何かの負担をしてもらう。この108万円分の「家族手当の現物支給」に対しては、税金、社会保険料はかかってきません。54万円程度の税金、社会保険料の削減ができるのです。

この54万円を会社と社員で山分けすれば、相当な得をするはずです。

なのに、日本の大半の会社では、そういう配慮は一切せずに、ただただ機械的に「住宅手当」や「家族手当」を払い続けているのです。血眼になって1円でもコストカットをしようとする日本の会社が、なぜ社員の税金、社会保険料に対して、こんなに無頓着なのか、ということです。

消費税の節税にもなる

課税給与を減らせば、社員の税金、社会保険料が減るばかりではありません。会社が税務署に納付する消費税も格段に安くなるのです。

実は消費税は、ちょっとわかりにくい仕組みとなっています。なので、簡単に説明したいと思います。

消費税というのは、一般の人にとっては、買い物をするときに8％かかってくる、というイメージでしょう。この8％の消費税は、そのまま税務署に納付されると思っている人も多いでしょう。

しかし、そうではありません。

事業者は、商品（サービス）を売るとき、客から8％の消費税を受け取ります。しかし、事業者は、仕入や経費を払ったときには、消費税を払っています。

そのため事業者は、客から預かった消費税から、仕入れなどで自分が払った消費税を差し引き、その残額を税務署に納付するのです。

つまり、消費税の納税額というのは、売上のときに客から預かった「預かり消費税」から、仕入や経費の支払いのときに支払った「支払い消費税」を差し引いた残額ということになるのです。

式にすれば次のようになります。

「預かり消費税」－「支払い消費税」＝消費税の納税額

これを見れば、支払い消費税を増やせば、納付する消費税は減らすことができるのがわかるはずです。

事業者は、消費税を納付するとき、仕入や経費のときにどのくらい消費税を払ったのか計算することになります。この計算は、単純に考えれば、仕入などの経費×8％で算出されます。

しかし、経費の中から人件費は除かなければなりません。なぜなら人件費は、事業者にとって支払い経費ではありますが、消費税はかかっていないことになっています。

なので、支払い消費税を計算するときには、

「支払経費－人件費」×８％＝「支払消費税」


ということになるのです。

だから、事業者にとっては、人件費率が高ければ高いほど、消費税の納付額は増えるということになるのです。

しかし、しかし、です。

課税給与を減らし、非課税給与を増やせば、この算式はどうなるでしょう？

課税給与というのは「人件費」に含まれます。だから、支払消費税からは差し引かなければなりません。しかし、非課税給与というのは、人件費ではなく、「福利厚生費」として支払われるケースが多いのです。福利厚生費のほとんどは、支払消費税の中に含めることができます（一部、含まれないものもあります）。

だから、課税給与を減らし、非課税給与を増やせば、支払消費税の額が増え、納付する消費税の額が減るのです。

たとえば、10億円の売上がある会社があったとします。経費は8億円で、そのうち4億円が人件費です。

この会社の消費税は次のようになります。

売上10億円－（経費8億円－人件費4億円）×8％＝納付する消費税4800万円

もし、この人件費を4億円から3億円にし、その分を人件費以外の経費に振り分けたとします。納付する消費税の計算は次のようになります。

売上10億円－（経費8億円－人件費3億円）×8％＝納付する消費税4000万円

このように、人件費を他の経費に振り替えることができれば、その振り替えた分だけ消費税が節税できるというわけです。

こうしてみると消費税というのは、会社にとって人件費を下げる圧力があることがわかります。

人件費を増やせば、消費税の納付額が上がるので、会社としては人件費を削ったほうがいい。人件費は課税仕入れにならないけれど、外注費などは消費税の課税仕入れになるので、社員を減らして外注を増やしたほうがいいわけです。昨今、派遣社員が急激に増えましたが、これは消費税の存在と無関係ではないのです。だから消費税の税率を上げれば、企業はもっと正社員を雇わなくなり、派遣社員や外注を増やすことになります。これは、ちょっと余談です。

とまれ、会社は、課税給与を減らして非課税給与を増やせば、その分、納付する消費税が安くなる、ということです。

なぜ会社はこれをやってこなかったのか？

この「給料革命」は、誰も損をしない（みなが得をする）方法なのに、日本の会社はあまりやっていません。

なぜでしょうか？

考えられる理由は、二つあります。

一つは近年、社会保険料の掛け金が急激に上がったため、会社は対応策を考える時間がなかったということです。

前述しましたように、社会保険は急に値上げされました。

健康保険は、2002年には8・2%でしたが、現在は介護保険と合計で11・58%となっています。

厚生年金は、1980年までは会社と社員の負担分を合わせて9%程度だったのが、2017年以降は18・3%になっています。

つまり、以前はそう気にしなくてよかった社会保険の負担が、昨今、急に大きな負担としてのしかかるようになっており、会社はまだその対応策を取れていないのです。

それともう一つの理由は、「基本給信仰」です。

日本では、社員も会社も人事面において「基本給」に非常にこだわります。

「基本給」こそがその社員の価値とさえいえるほど、基本給に重きを置いています。春闘などでも、基本給がいくらアップするかを「ベースアップ」と呼び、このベースアップが争点になることが多いものです。

日本では「基本給こそが給料」と考えられています。労働法などでも、社員の条件を示す際に基本給を基準としていることが多いです。

だから、日本のサラリーマンたちは、基本給を下げられることを非常に嫌がります。その反面、基本給以外の待遇面については、それほどこだわりを持っていません。だから、会社は、経営が悪化すると、基本給以外の待遇面を落とすことになるのです。

しかし、現在の社会保障制度、税制を見たとき、「基本給」にこだわるのは得策ではありません。

サラリーマンの社会保険や税金は、原則として「基本給」にかかってきます。だから、基本給を厚くすることは、すなわち社会保険や税金を増やすのと同じことなのです。

サラリーマンの方々には、よく考えて頂きたいのです。

基本給は、「名目賃金」に過ぎません。

基本給以外の諸手当や福利厚生を含めた「実質賃金全体」が下がりさえしなければ、「名目賃金」は下がってもいいはずです。

会社と社員が協力すれば、大きな経済的恩恵が得られる

日本の会社というのは、これまで、社員に対しては「お代官」のような存在でした。税務署や年金事務所に代わって、社員の給料から、税金、社会保険料を天引きするのです。税務署や年金事務所にとって、これほど頼もしい「代官」はいません。なにしろ、サラリーマンたちの収入の全貌《ぜんぼう》を把握しているのです。だから取りっぱぐれがありません。

税務署や年金事務所は、各会社が社員から徴収業務を行ってくれるので、膨大《ぼうだい》な事務作業が節約されているのです。

そして日本の会社は、お上から命じられるままに、淡々と徴収業務を代行してきました。

会社にとっては、「社員の税金や社会保険料は、社員が払うものであり、節減したり配慮したりするいわれはない」ということなのでしょう。

が、実際は決してそうではないはずです。

同じ人件費を払うならば、なるべく社員の取り分が多いほうが、費用対効果は高いはずです。高い人件費を払っても、その多くを国がピンハネしてしまうのであれば、社員のモチベーションも上がりませんし、費用対効果は低くなってしまいます。

会社が、社員の税金や社会保険料の節減に協力すれば、同じ人件費でも、高い効果が期待できるのです。

外資系企業などは、元来、そういう思想を持っています。だから、会社の税金だけじゃなく、社員の税金や社会保険料も節減の努力をするのです。

そして何より昨今は、急激に社会保険料の掛け金が上がっています。そのため、会社側の負担も激増しています。社会保険料が高いために人を雇えないという中小企業もけっこうあると聞きます。

社会保険料を下げることは、企業の経営戦略の上からも欠かせないものとなっているのです。

そして会社に社員の税金と社会保険料を下げようという意識が働けば、簡単に実行できるのです。

前に述べたように、会社は、税務署と年金事務所の「お代官」の役割を担っています。税務署や年金事務所は、よほどのことがない限りは、会社の徴収業務に関して細かい部分の口出しはしてきません。

税金と社会保険料の徴収業務において、細かい部分は会社に任されているのです。

だから会社は非常に簡単に、社員の税金や社会保険料の節減策を講じることができるのです。

が、これには、社員の理解と協力が不可欠なのです。税金と社会保険料を安くするためには、給料の支払い方を変えなければならず、それには社員の同意が必要となるからです。

そして社員が同意さえすれば、会社はすぐにでも税金と社会保険料を大幅に節減することができ、両者は非常に得をするのです。

つまり、会社と社員が協力すれば大きな経済的恩恵が受けられるのです。

就業規則に明示しておけば社員も安心

これまで「名目賃金を下げて実質賃金を上げれば、会社も社員も得をする」ということを述べてきましたが、そう言われても、基本給を下げられることに抵抗を感じるサラリーマンも多いことでしょう。

労働関連法では、基本給はなかなか下げることができないようになっていますが、諸手当やそのほかの待遇面は簡単に落とすことができます。

いくら会社が、「基本給は下げるけれど、全体の待遇は上げる（維持する）」と言っていても、いったん基本給を下げられてしまうと、サラリーマンの待遇は、どんどん悪化してしまうのではないか、という不安にかられることもあるはずです。

ですが、これについても予防策はあります。

労働契約や就業規則の中に、諸手当や福利厚生費のことを詳細に明示しておくのです。

労働契約とは、会社が社員を雇用する際にかわす条件のことです。

就業規則というのは、会社と社員が、「こういう条件、こういう待遇で雇用する」ということを定めた規則です。この中で定められたことは、会社は守らなければなりません。

だから、就業規則の中に明確にうたってあれば、会社は約束した待遇面について、勝手に削ることはできなくなります。

とにもかくにも、会社と社員は、お互いが協力して「税金と社会保険料を削減する」ということを目指すべきです。

そして、削減して得た利益についても、どういうふうに配分するのか、明確に決めておくべきです。

そうすれば、会社も社員も安心して、協力し合えるのです。

前項でも述べましたように、「会社と社員は協力すれば、大きな経済的恩恵が得られる」のです。

第2章

給料の代わりに「衣食住」を支払う

給料の代わりに「衣食住費」を会社に肩代わりしてもらう

税金、社会保険料のかかる名目給料を下げ、その代わりに税金、社会保険料がかからない「非課税給与」を増やすのが、本書の趣旨なわけです。その手法としてもっとも手っ取り早く、かつ実効性があるのが、「衣食住の費用を会社に出してもらう」ということです。

名目給料を下げて、非課税給料を増やしたとしても、その非課税給料が社員にとってまったく役に立たないものであったなら意味がありません。

たとえば給料の代わりに、使いもしない自社の取扱商品をもらったとしても、社員はありがたみはないわけです。それならば、税金がかかっても普通に給料をもらったほうがいいということになります。

が、衣食住費を会社から出してもらえば、社員としては「はずれはない」わけです。衣食住費というのは、誰でも嫌でも払わなければならないものだからです。

普通、衣食住にかかるお金というのは、自分の給料から出すものです。

が、自分の給料から払うということは、そのお金はすでに税金、社会保険料が引かれた後のものです。

たとえば、ある人が衣食住にかかるお金が毎月30万円必要だったとします。つまり、給料から30万円を衣食住に充てているわけです。

この給料からの30万円には、あらかじめ税金、社会保険料が約50％課せられています。つまり、15万円を税金、社会保険料として払っているのです。年間にすれば、１８０万円です。

しかし、この衣食住費の30万円のうち、20万円を会社の経費から出してもらうとします。そうすれば、月10万円分の税金、社会保険料が浮くということになります。年間にすれば１２０万円です。

この１２０万円を会社と社員が山分けをする、というのが本書の目的とするところなのです。

衣食住を会社の経費から出すことはけっこう簡単です。福利厚生費などをうまく使えば、衣食住の相当部分を会社の経費から出すことができるのです。

もし、衣食住の大半を会社から出してもらえば、給料はあまりいらなくなるはずです。小遣い銭と預貯金に充てる分があればいいわけですので、名目給料はそれほど高くなくてもいいはずです。

名目給料を下げることができれば、必然的に税金、社会保険料は非常に安くなるわけです。

それが、「給料革命」ということなのです。

では、次項以下で、具体的に衣食住費を会社が肩代わりする方法をご紹介していきましょう。

会社に衣食住費を出してもらう二つのルート

会社から衣食住費を出してもらうには、二つのルートがあります。

一つは、福利厚生費として出してもらう方法です。

前述しましたように、会社の経費には、「福利厚生費」というものが認められています。社員の福利厚生に関する費用は、会社のお金で支出していい、ということになっているのです。

そして、会社が福利厚生費として出したものは、それが社員の経済的恩恵になるものであっても、原則として「税金のかかる給料」としてしなくていいことになっているのです。

この福利厚生費は、かなり広い範囲で認められています。社員の住居に関するもの、食事に関するもの、健康増進に関するもの、レジャーに関するものなども、福利厚生費として支出することができるのです。

会社から衣食住費を出してもらうための、もう一つのルートは、会社の業務関連費として出してもらう方法です。

福利厚生費は、かなり広い範囲で認められていますが、福利厚生費ではどうしても出せない費用などもあります。たとえば、「酒」がついた飲食費などです。アルコールの入った飲食費（通称「飲み代」）は、原則として福利厚生費から支出することはできません。が、会社の業務関連費としてならば出すことはできるのです。

会社の業務関連費といっても、ガチガチに会社の業務でなくてもいいのです。会社の業務に少しでも関係があれば、会社の業務費として出すことができます。

逆に言えば、社員の個人的な支出であっても、会社の業務に関連付けることができれば、会社の業務関連費として出すことができるのです。

つまり、衣食住費を会社の金で出すときのポイントは、次の二つです。

・福利厚生費として出す
・会社の業務に関連付けて、会社の業務費として出す

この二つを念頭に置いておいてください。

社員の家賃を会社が肩代わりする方法

前章でも少し触れましたが、会社は福利厚生費として、社員の家賃をある程度、肩代わりしてやることができます。

もちろん、課税関係においては、給料とは別として扱われます。

だから、税金や社会保険料がかからないのです。これは非常に大きいといえます。

普通、家賃は自分の給料の中から払います。給料は、税金を天引きされた後なので、すでに税金は取られています。つまり給料から家賃を払えば、家賃にはすでに税金が課せられているのです。

たとえば、自分の給料の中から、家賃10万円を払っているとします。この10万円の給料には、約50％の税金、社会保険料が含まれています。つまり、この人が家賃を捻出《ねんしゅつ》するた

めには、10万円の家賃プラス５万円の税金、社会保険料を払わなければならないのです。

でも家賃分を給料から差し引く代わりに、会社が家賃を払えば、それには税金はかからないのです。つまり、10万円の家賃に対して、支払額は10万円で済むのです。

それまで払っていた税金、社会保険料５万円分が浮くことになります。年間にすれば60万円です。

かなり大きいでしょう？

これを会社と社員で山分けにすれば、両者バンバンザイなわけです。

ただし、この方法には注意点があります。

「家賃の全額を会社が払うことはできない」ということです。

家賃を全部払ってもらうのは社員のメリットが大きすぎるので、給料と同じ扱いになるのです。

そして、「給料と同じ扱いになる」という金額の基準が、税金と社会保険料では異なるのです。

税金（所得税、住民税）の場合、社員が家賃のだいたい15％以上を払っていれば給料扱いはされません。

「税金のかからない社員の支払い額」は、次の計算式で算出されます。

・その年度の建物の固定資産税の課税標準額×0・2%
・12円×その建物の総床面積の坪数
・その年度の敷地の固定資産税の課税標準額×0・22%

この三つの計算式で出された金額を足した金額の「半額以上」を社員が払っていればいいのです。

それが、市場家賃のだいたい15%になるのです。

だから10万円の家賃であれば、1万5000円は住んでいる本人が会社に払わなければなりません。

また、この方法は、単なる「家賃の補助」ではダメです。

あくまで会社が直接借りて、そこに社員が住む、という形をとらなければなりません。

しかし賃貸住宅を会社の借り上げにすることは、そう難しいことではありません。

これは、不動産屋さんに相談すれば、すぐに手続きをやってくれます。

不動産業界も昨今は不景気が続いていますので、借り手のお願いはだいたい聞いてくれます。不動産会社や大家にとっては、特に手間がいることではなく、単に借り手の名義が変わるだけですからね。部屋の改装や、鍵の作り換えの必要もないし。新たに敷金や礼金などが発生することなく、会社の名義にしてくれるはずです。

この住宅借り上げの非課税制度は、社員だけでなく役員にも使えます。

ただし役員の場合、若干社員よりも条件が悪く、家賃のだいたい30％以上を払ってなければなりません。また豪華な住宅などの場合は、家賃の50％以上払っていなければなりません。

日本の会社には、社長が１人でやっている会社も多いですが、そういう会社もこの制度を忘れずに使いたいものです。

借り上げ住宅は千葉か埼玉が得

前項で述べましたように、借り上げ住宅の場合、税金と社会保険料の計算の仕方が違うのですが、次に社会保険料の計算の仕方を説明します。

社会保険料の場合、会社から住宅の提供を受けた場合、「一定の額」が給料として加算されることになります。この「一定の額」というのは、都道府県によって違います。

左の表を見てください。

東京の場合は、1畳あたり2590円が給料として加算されます。20平方メートルくらいのワンルームでは、3万円が給料として加算されるのです。社員がその「一定額」を会社に払っていれば、給料への加算はないことになります。つまり、20平方メートルくらいのワンルームでは、会社に3万円を家賃として払っていれば、給料への加算はないということです。

東京では、20平方メートルくらいのワンルームでも、家賃は平均で5～6万円、高いところは10万円以上しますので、3万円を払ったとしても、まだかなり得をすることになります。

たとえば、新宿のワンルーム、20平方メートルの部屋、家賃8万円を借りた場合、給料として加算される額は約3万円です。差し引き5万円分は、社会保険料の対象からはずれるわけです。節減できる社会保険料の額は、年間でだいたい15万円程度になります（労使の負担分を合わせて）。

ただ、表を見てもらえばわかるように、全国の中で東京だけが抜きん出て高額になっています。お隣の埼玉は1750円、千葉では1700円です。千葉で20平方メートルくらいのワンルームの場合、給料として加算される額は2万円ちょっとということになります。

社会保険料において、
借り上げ住宅で給料として加算される金額（平成29年分）

（1畳あたり／円）

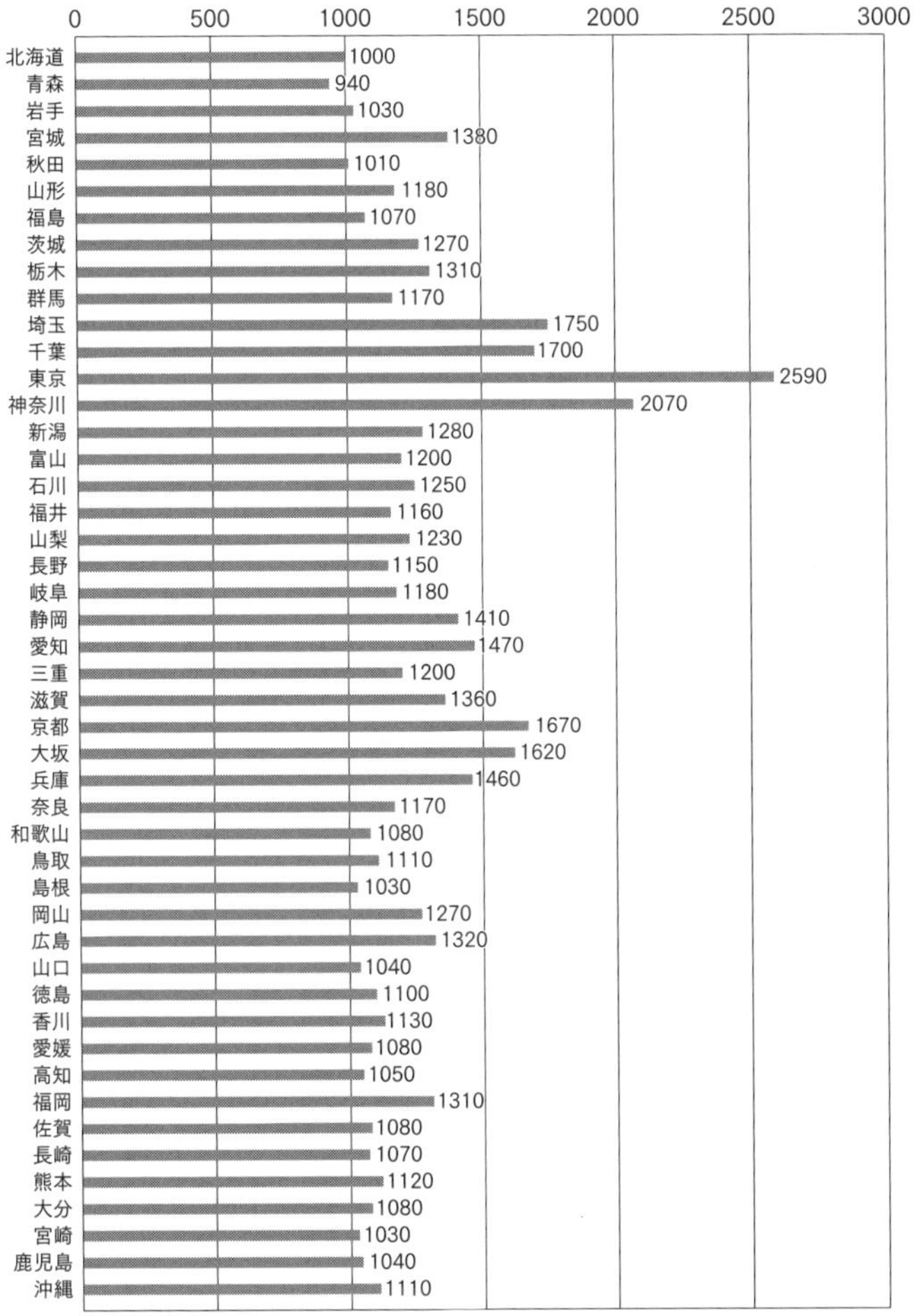

埼玉や千葉でも、都心部に30分程度で行けるところはたくさんあります。逆に東京でも、都心部に行くまで1時間くらいかかるところもあります。だから、社会保険料の視点から見ると、東京の辺鄙《へんぴ》なところを借りるよりは、千葉や埼玉の便利なところを借りたほうがいいということです。

社宅は絶対に手放すな！

不動産の会社借り上げというのは、従来の社宅の変化形です。

だから、社宅がある会社というのは、社宅を利用すればいいだけの話です。

つまり、社宅がある会社というのは、社員の税金や社会保険料の面で、非常に有利なわけです。

ところが昨今は、不景気が続いて、社宅を手放したりするケースが多いようです。

また以前はマンションやアパートの借り上げをしていた会社が、それをしなくなったケースも多いようです。

おそらく会社としては、社員の基本給はなかなか下げづらいので、福利厚生費を削ろうということになったのでしょう。

しかし、これは本末転倒《ほんまつてんとう》といえます。

社員の給料をその分下げてでも、社宅や賃貸住宅の借り上げ制度を残しておいたほうが社員は得なのです。

会社と社員でしっかり話し合い、人件費を削らなくてはならないのであれば、福利厚生費を下げるよりは、基本給を下げたほうが、社員は得をするということをきちんと説明するべきでしょう。

そうしないと、会社も社員も、高い社会保険料の負担を強いられることになります。

またこの制度を持っていない会社に勤務しているサラリーマンは、この制度を提案してみましょう。

社員に家を買ってやる

前項では、社員の家賃を会社で出してやるという手法を紹介しましたが、さらにダイナミックな方法もあります。

それは社員に家を買ってやることです。

家を買ってやると言っても、会社が家を買ってそのまま社員にあげてしまえば、それは給料と同じ扱いになり、税金、社会保険料の対象になってしまいます。

しかし、ちょっとした工夫をすれば、その問題をクリアできるのです。

まず、会社は社宅として家を購入します。

現金で買ってもいいし、ローンで買ってもいいです。

その家を、将来は社員に贈与するという約束をして、社員に対して貸すのです。形式の上ではあくまで社宅としておくのです。

そして、社員が定年になって会社を辞めるとき、その家を退職金として社員にプレゼントするのです。

つまり、社員に「定年まで勤めれば家をあげますよ」という条件をつけて、その家に住まわせるのです。

社員としては、持家と同じような気持ちで住むことができるはずです。

そして家をもらうときは退職金という扱いになります。これには税金はかかりますが、社会保険料はかかりません。

その税金も、普通に給料としてもらうよりは、はるかに少なくて済みます。家をもらうとき、家の価値は随分下がっていますので、購入時よりもはるかに少ない金額が査定されます。

そして退職金は税制上、非常に優遇されていますので、給料に比べればはるかに安い税金で済むのです。

もし4000万円の家をこの方法で、社員に与えた場合、税金、社会保険料が、概算で2000万円近くが節減できるでしょう。

また会社の消費税の節減にもなります。家の価格が2000万円、土地の価格が2000万円とするなら、1軒だけで160万円の消費税の節約になります。もし20人の社員に家を買ってあげれば、3000万円の節税になるのです。

非常にダイナミックな方法だといえます。

これは手続き的にはそれほど複雑なものではありません。

最初は、社宅として家を購入し、退職時に会社から社員に与えるだけです。

これにより、社員のモチベーションも相当上がるはずです。

給料の代わりに車を買い与える

前項では、給料の代わりに家を買い与えるという方法をご紹介しましたが、家だけじゃなく車を買い与えるということもできます。

仕事で車を使うような企業では、社員に車を買ってやることもできるのです。もちろん、これにより、税金や社会保険料を大幅に節税ができます。

この方法を簡単に言えば、会社が自社の営業車として車を買って、それを社員に与えるのです。

車は会社名義ですが、社員が自由に使って構わないようにしておきます。

また業務に差し支えない程度で、車種なども社員が決められるようにしておきます。そうすれば、社員は自分の車を手に入れたのと同じになります。

車の代金分、給料を少なくすれば、会社の負担増はありません。

つまり給料の代わりに車をもらえば、それは「税金のかからない給料」になるということなのです。

たとえば、200万円の車が欲しい社員がいたとします。社員が自分の給料で車を買った場合、その給料には税金、社会保険料がだいたい100万円もかかっています。でも会社の所有車として会社に買ってもらえば、その税金と社会保険料はかからないのです。

この浮いた100万円を、会社と社員で山分けできるというわけです。

また、会社にとって車は消費税の節税になります。社員に給料として200万円払えば、消費税の減額はできませんが、車を購入することにより、16万円もの減額ができるのです。

この方法は、家族企業などがよく使っている節税策です。

自分たちが使う車を社用車として購入して、会社の経費で落とすのです。この方法を一般の会社に応用するのです。

この「社員に車を買ってやる方法」は、以下の2点に気をつけなくてはなりません。

・車の名義はあくまで会社のものにしなければならないこと

・会社の業務で車を使わなければならないこと

そして社員が自宅に車を置きっぱなしのような状態では、税務署から否認される恐れがあります。しかし、会社の業務で少しでも使っているのなら、社員が私的に使っている部分があっても黙認されます。

会社の営業車を私的に使っている社員はいくらでもいるのですから。

自宅用のパソコンを会社から買ってもらう

前項では、給料の代わりに車を社員に買い与えるという方法をご紹介しましたが、それと似たようなものでパソコンを買い与えるという方法もあります。

もちろん本来、自分のパソコンを会社に買ってもらえば、それは「税金のかかる給料」になってしまいます。しかし会社がパソコンを買って社員に貸与するという形を取れば、「税金のかかる給料」にはならないのです。

会社から貸与されたものであっても、それは自由に使うことができます。自宅に持ち帰ることももちろん可です。

サラリーマンは自宅のパソコンで会社の仕事をすることもあるはずです。またインターネットで得た情報は、会社の仕事にも役立つはずです。

現代社会ではパソコンは必需品です。仕事や生活の情報収集で、パソコン、インターネットは欠かせないものです。サラリーマンは、会社だけでなく自宅にもパソコンを持っている人がほとんどでしょう。会社のパソコンを自宅に持って帰ったとしても、なんらおかしくはないのです。

パソコンは2年たつともう古いものになり、頻繁《ひんぱん》に買い換えなければなりません。サラリーマンの生活費に占めるパソコン代はかなり大きいでしょう。

このパソコン代を、会社から出してもらえば、かなり大きいはずです。つまり給料の代わりに、パソコンを支給するのです。

たとえば、20万円のパソコンを買う場合、それを自分の給料から払えば、税金、社会保険料で10万円程度かかります。でもその分を給料としてはもらわず、会社が直接パソコンを買ってやればこの税金、社会保険料はかからないのです。

また会社は消費税が1万6000円も減額できます。これを20人の社員に実行すれば、32万円、100人に実行すれば160万円もの消費税の節税になるのです。

また自宅でのネットの通信費も会社から支給してもらうことができます。仕事のことで、自宅でネットを使うことが少しでもあれば、それは会社の経費で出すことができるのです。

ただし、この方法も気をつけなくてはならない点があります。

パソコンはあくまで会社の持ち物ということになります。自宅に持ち帰っても大丈夫ですが、税務調査などが行われるときには、会社に持って来れる状態にしておいたほうがいいでしょう。また処分するときも、勝手に処分するのではなく、会社の経理処理をしてください。

携帯電話代も会社の経費で落とす

前項では、パソコン代を会社が持つ、という方法を紹介しましたが、今度は携帯電話代です。

現代人にとって、携帯電話は不可欠なものです。この携帯電話代も、会社の金で賄うことができます。

携帯電話代1か月2万円として年間24万円を、自分の給料から払えば、それには税金、社会保険料がだいたい12万円程度かかってきます。

しかし、会社にそれを負担してもらえば、その12万円は払わなくていいのです。

携帯電話は、会社の業務でも必要不可欠なので、会社が費用を負担しても別におかしくはありません（携帯電話を会社から社員に貸与しているところも多いですし）。

携帯はすでに個人契約している、という人も多いでしょう。そういう場合は、会社がそれを借りている（業務で使わせてもらっている）ということにして、賃貸料を払えばいいのです。

どういうことかというと、会社が社員個人から携帯を借りているということにして、社員に賃貸料を払うのです。これは契約書などをつくっておく必要があります。

ただし、携帯電話代を会社が負担する場合、利用内容などが会社にわかりますので、その点は注意が必要かもしれません。

給料の代わりに食事代を出す

次は、衣食住のうちの「食」を会社が肩代わりする方法を紹介していきたいと思います。

給料の代わりに食事代を会社が持ってくれれば、社員としては、給料をもらったのと同じ経済効果を得られるはずです。しかも、その食事代には、普通の給料のような税金や社会保険料がかかりません。だから、その分の税金、社会保険料が浮くのです。

ただし会社は、社員の食事代を無条件に出してやることはできません。無条件で出してしまえば、給料として換算され、税金がかかってしまいます。

しかし、一定の条件をクリアすれば、食事代を出すことはできるのです。

まず、覚えておいて頂きたいのは、「夜食代」です。

残業した人の食事代を会社が負担した場合、そのお金は給料として課税しなくていいことになっているのです。社会保険料の場合は、食事代の一部が給料として扱われます（詳細は後述）。

この制度は、かなり使い勝手がいいといえます。

会社が夜食代を出すことを条件に、その分の給料を下げれば、社員にとっても、会社にとっても節税となるのです。

たとえば月の半分以上残業をしている社員が、残業したときいつも1000円程度の出前を取っていたとします。1か月15日残業したとして、毎月1万5000円の夜食代がかかるのです。

この1万5000円を、会社が残業者の夜食代として払い、その分を給料から減らしたとします。すると年間で18万円分が「税金のかからない給料」となるわけです。

得をする額は、所得税、住民税だけで18万円の約20％です（社会保険料の削減額は後述）。

残業が多い会社、夜の勤務時間が長い会社などはぜひ活用したいものです。

この夜食代は、現金で渡すことはできません。あくまで会社が夜食を提供したという形にしなければならないのです。だから、出前や仕出しなどを利用することになります。コンビニやスーパーなどの弁当を会社が買って、社員に与えるという形にするのもアリです。

会社が提供したという形が取れない場合でも、1回300円までの夜食代の現金での支給は非課税となります。だから、弁当持参で来る社員なども、この非課税手当の枠を使うことができるのです。

会社が昼食代を肩代わりする方法

夜食だけじゃなく、通常の昼食代も会社から出すことができます。
ただし、これには次のような条件があります（所得税、住民税の場合）。

- **従業員が半分以上払うこと**
- **月３５００円以内**

つまり毎月３５００円までは、昼食代としてもらえば、その分の所得税はかからないということです。年間にすると、税金のかからない給料の額は４万２０００円になり、所得税、住民税だけでその20％が削減できるわけです（社会保険料の削減額は後述）。

ただし、昼食の場合、３５００円を単に現金としてもらえば、非課税にはなりませんので注意を要します。非課税となるのは、会社が提供するという形を取ったもののみです。

社会保険料での食事代の計算

会社が支給する食事において、「課税の対象とならない金額」の計算が、税金と社会保険料では違います。

所得税、住民税のほうは、前項で述べた条件であれば、給料には加算されないことになっています。

が、社会保険料の場合、会社から食事の提供を受けた場合、「一定の額」が給料として加算されることになります。この「一定の額」というのは、都道府県によって違います。

次ページの表を見てください。

夕食（夜食）の場合は、1食当たり240〜260円を給料として加算しなければなりません。だいたい700〜800円分くらいの夜食をとれば、約3分の1は給料として加算されてしまうということです。が、それでも、3分の2は給料として加算しなくていいのです。恩恵は大きいといえます。

たとえば東京の会社で880円分の夜食の提供を受けたとします。この場合、280円が「社会保険料のかかる給料」となり、残りの600円は「社会保険料のかからない給料」

会社が負担した食事代の中で、社会保険料における給料として加算される金額（平成29年分）

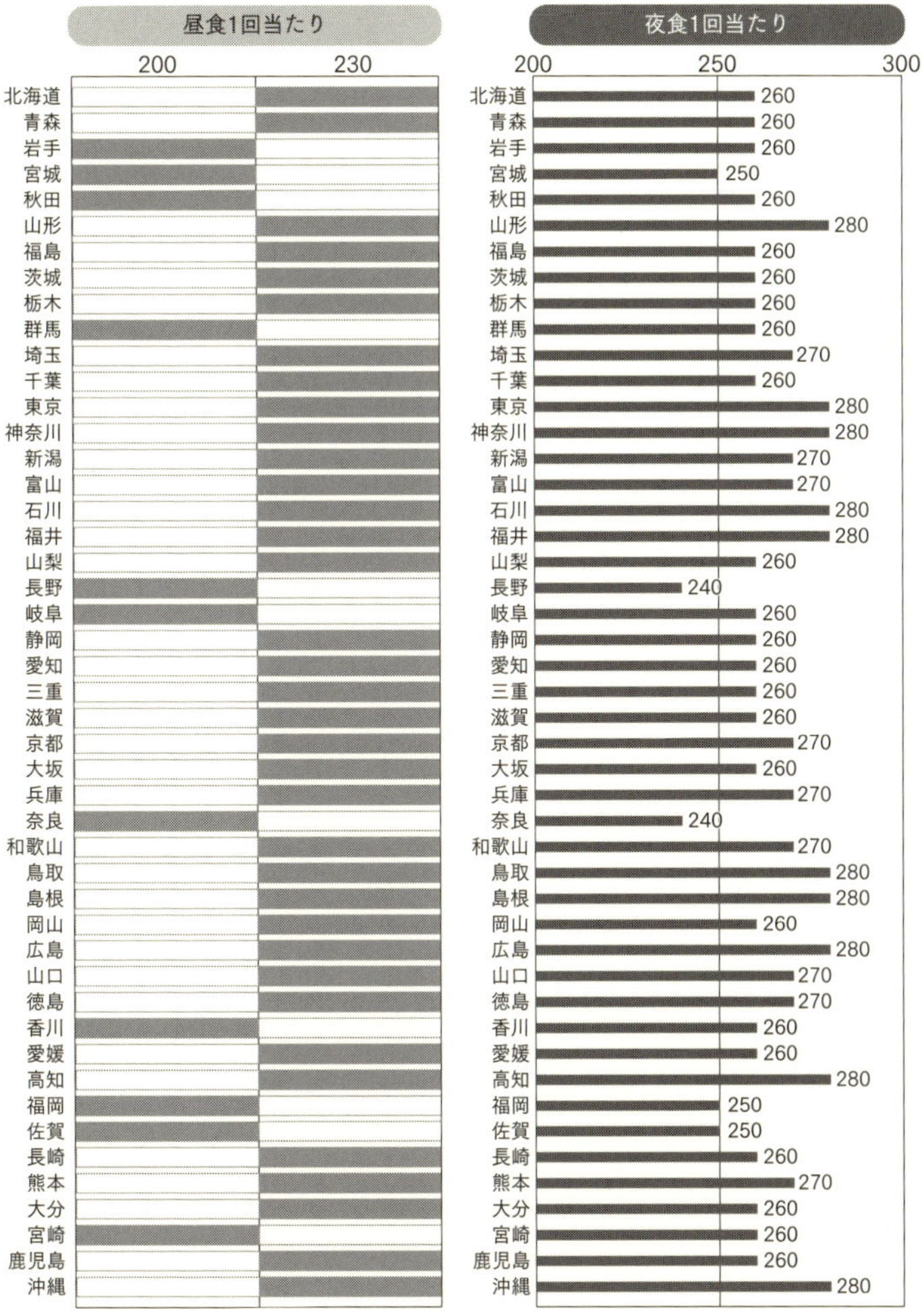

となります。もし、この夜食を年間100回提供を受けたとすれば、年間6万円分の夜食代が、「社会保険料のかからない給料」となるのです。節減できる社会保険料は、約1万8000円（労使負担分合せて）です。

昼食代は、所得税、住民税は、従業員が半分以上負担し月3500円までという条件で税金が課せられないと述べました。社会保険料の場合は、この条件よりも緩《ゆる》いということになります。

月何回支給しても、1回当たり220円～230円しか、給料として加算されないのです。

たとえば、東京で毎日（月20日）、毎食630円の昼食を支給したとして、社会保険料のかかる給料となるのは、4600円だけです。残りの8000円は社会保険料がかからないのです。年間にすると、9万6000円です。節減できる社会保険料は約2万8800円です。

また次項以下で説明する会議費や交際費などで出される昼食、夕食については、社会保険料のかかる給料としては取り扱わなくていいものと思われます（明確な規定があるわけではありませんが、社会通念上として）。

会議費としてランチ代を出す

昼食代を会社が肩代わりする方法は、もう一つあります。

それは「会議費」として支出する方法です。

会議費というのは、会議をするときにかかる経費のことです。これは、会社の経費として支出することができます。当然、給料などの扱いはされません。

ランチをとりながら会議をするというような、オシャレな会社も最近は多いはずです。また、同僚同士や上司と部下で食事に行ったような場合は、大方、仕事の話になるはずです。そういうのを一歩進めて会議という形にすれば、会議費として支出することができるのです。

この場合、出前や仕出しに限るものではありません。会議なので、レストランなどですることもできます。だから自由度は格段に高くなりますし、使い勝手はよくなるはずです。ただし、会議費として支出する場合には、あくまで会議という体裁をとらなければなりません。

が、改まった本格的な「会議」とする必要はなく、仕事の報告会をするというようなことで、議事録なども簡単な会談の内容報告をメールでする、というような程度でも大丈夫でしょう。要は、「仕事の話をすること」「それが証明できる記録をとっておくこと」です。「会議」ということをそれほど堅苦しく考える必要はありません。ランチのついでに、仕事の話をするという感じでいいのです。そうすることで、会社が社員の昼食代を肩代わりすることができるのです。

たとえば、週に2回、ランチ会議をする権利を社員に与えておきます。

社員1人で食事をしてそれを「会議費」で落とすことはできませんので、必ず社員2人以上での参加ということにはなります。各社員は、その権利を自分のスケジュールに合わせて行使するのです。同僚同士で仕事の話し合いをしてもいいし、上司と部下で仕事の中間報告をしてもいいわけです。その辺は、その場、その場で弾力的に運用すればいいでしょう。

またランチに限らず、朝食、夕食でもこの会議費は使えます。

社員の交際費を会社が出す

夜食、昼食と紹介してきましたが、次はいよいよ「飲み代」です。

多くのサラリーマンにとって、飲み代は決して小さくない支出だと思われます。小遣いのほとんどは飲み代で消えるという人も多いことでしょう。

給料の代わりに、この飲み代を会社が肩代わりすることもできるのです。もちろん、会社が肩代わりする飲み代には、税金も社会保険料もかかりませんので、その分、得をするのです。

会社が社員の飲み代を負担する方法には、いくつかあります。

一つは、ランチの項でも紹介した「会議費」で落とす方法です。

会議費では、食事だけじゃなく、若干のアルコールをつけることも可能なのです。目安としてだいたい１人３０００円とされています（明確な基準はありません）。

会社では、重要な仕事が始まるときや、終わったときに、セクションで飲みに行くことも多いものです。

そのときに、この「会議費」を使うといいでしょう。３０００円程度なので、お食事会程度分にしかなりませんが使わない手はないでしょう。

また社内で、出前などを取るのなら、３０００円でも充分に豪勢な会ができるはずです。

この会議費を有効に使えば、社員の節税となります。社員に会議費を使える権利を与える代わりに、給料をその分下げるのです。

たとえば、週に1回、月に1人1万円程度、会議費を使わせる代わりに、その分の給料を下げます。年間で12万円なので、これを給料としてもらえば、税金と社会保険料でだいたい6万円取られます。

でも会議費として使えば、この6万円の税金、社会保険料はかからないのです。

会議費は消費税の課税仕入れにできるので、消費税の節税にもなります。

ただこれを使うには、ちょっと注意が必要です。

会議費を経費とするには、「会議をするのにふさわしい場所」ということになっているので、居酒屋などではまずいでしょう。酒類もビール1、2本程度ということになっています（これにも明確な基準はない）。また会議という建前をとらなくてはならないので、会議が行われたという証拠も残さなければなりません。

少し面倒くさいですが、得をする方法なので、社内での「ノミニケーション」が盛んな会社は、ぜひ活用したいものです。

社外の人との交際費は5000円以内ならば会社が負担できる

社員同士の飲み会ではなく、社外の人と飲む場合も、会社の経費で落とす方法があります。

現在の税法では、資本金1億円を超える大企業では、接待交際費を会社の損金（税法上の経費）として計上することができません。

しかし、平成18年の税制改正で、1人当たり5000円以下の飲食費については交際費から除かれ、その全部が損金算入できるようになったのです。

つまりは、一人前5千円以内の飲み代であれば、会社の経費で落とせるようになったのです。

1人当たり5000円というのは、消費税抜きの金額です。また1人1人が5000円以内に収める必要はなく、1人の平均単価が5000円以内に収まればOKということです。なので、1人5000円以上かかりそうな場合は、あまり飲み食いしない人を何人か連れていけば、解決できるでしょう。

ただし、1人当たり5000円を1円でも超えれば、全額が経費として認められなくなりますので、注意を要します。たとえば1人あたり5500円だった場合、5000円分は会社の経費で落とし、残り500円ずつを自腹で切る、などということは不可なのです。

この方法を使うには、次の内容を記載した書類を保存しておかなければなりません。

①その飲食等のあった年月日
②その飲食等に参加した得意先、仕入先その他事業に関係のある者等の氏名又は名称及びその関係
③その飲食に参加した者の数
④その費用の金額並びにその飲食店、料理店等の名称及びその所在地
⑤その他参考になるべき事項

このように、これもちょっと面倒くさいのですが、交際費を会社が出せるようになったのだから、活用すべきでしょう。

またこの方法を使う際に気をつけなくてはならないのは、「社内の人間同士だけの飲み会はダメ」ということです。この方法は、あくまで社外の人を接待した場合に限られるのです。

だから、社内の人間で飲む場合は、前項の会議費などを使うべきでしょう。

中小企業は交際費の枠を社員に与えよう

前項では、1人当たり5000円以内の飲食費を会社から出す方法を紹介しましたが、資本金1億円以下の中小企業ならば、もっと直接的に飲み代を使うことができます。

普通に会社の接待交際費として計上するのです。

資本金1億円以内の中小企業では、年間800万円は接待交際費を税務上の経費に計上できることになっています。

この年間800万円の接待交際費の枠は、通常は経営者などの交際費として使われています。しかし、経営者だけでは800万円を満額使うことは、あまりありません。

なので、800万円の枠が余っている会社では、それを社員に分配すればいいのです。

たとえば、「社員1人当たり年間20万円は、会社の接待交際費を使える」などという取り決めをしておくのです。

そして、その分の給料を削るのです。

給料として20万円もらえば、税金、社会保険料で10万円取られますが、接待交際費としてもらうならば、それは取られずに済むのです。会社としても、消費税の節税になります。

「接待交際費と言っても、接待するような仕事じゃないからなあ」

と思った人も多いでしょう。

しかし、接待交際というのは、何も営業職の人が顧客を接待するときだけのものではありません。「仕事をうまく行かせるための交際」であれば、どんな交際でもいいのです。

少しでも仕事に関係のある人、仕事に役に立つ情報を持っている人などと飲食することは、立派に接待交際費となるのです。

だから、たいがいのサラリーマンは、接待交際費を使う資格を持っているはずです。

ただし、接待交際費を使う際には、気をつけなくてはならない点があります。

接待交際費は、あくまで社員が接待交際費を使ったときに、その都度、計上するという形を取らなくてはならない、ということです。あらかじめ社員にお金を渡したり、月額いくらで支給したりすると、給料として扱われます。

社員は飲食をしたときに、領収書をもらって会社に提出し、会社はそれを精算するという手続きを経なければなりません。

衣服代を会社が肩代わりする

これまで「住」と「食」を会社に面倒見てもらう方法を紹介してきましたが、「衣」を会社から支給することもできます。

税法では、仕事時に着用する制服を会社が支給する場合、これも「税金のかかる給料」からははずされることになっています。

だから会社が社員に制服を支給して、その分の給料を下げれば、税金、社会保険料の大幅な節減となります。

たとえば服と靴を年間10万円分、会社から支給し、その分の給料を下げたとします。そうすれば、「税金のかかる給料」が10万円減り、税金、社会保険料合わせて約50％、つまり5万円を払わなくて済むのです。

会社にとっては、この10万円を人件費として払えば、消費税の課税仕入れにできませんが、制服代ならば課税仕入れにできます。もし１００人分の制服をつくって、その１００人の給料を各10万円を削れば、50万円もの消費税の削減になるのです。

会社の支給する服というと「ださい制服」をイメージする人もいるでしょう。

でも、会社のださい制服だけじゃなく、オシャレな服も会社の経費で出すことはできるのです。

たとえば少し前に、大阪市で職員が各自に仕立てたスーツの費用を、福利厚生費で支出していたこともありました。これは税金の無駄遣《むだづか》いとして指摘されましたが、「源泉所得税の課税漏れ」では指摘されていません。つまりスーツを仕立てて、それを福利厚生費から支出しても、給料として扱わなくていいということなのです。

この大阪市が仕立てたスーツは、大阪市のロゴは入れておりましたが、限りなくオーダーメイドに近いものだったのです。なので、「制服」の定義はかなり緩いものだといえます。だから、デパートや服店に頼んで、ある程度、社員の自由に服を選ばせ、服の裏地に会社のロゴなどを入れておけば、福利厚生費から計上することが可能なのです。

社員の生命保険料を会社が出してやる

給料の代わりに、生命保険料を会社が払ってやるという方法もあります。

サラリーマンのほとんどは生命保険に入っていると思います。

この生命保険料も、一定の手順を踏めば会社が負担してやることができるのです。もちろん、それは「税金のかからない給料」となります。

たとえば月額2万円の生命保険に入っている社員がいたとします。自分の給料からこの保険に入っていたならば、年額24万円の保険料には、税金、社会保険料がだいたい12万円かかっています。

会社が生命保険料を負担してやれば、その12万円の支払いはしなくていいのです。

ただし会社から生命保険に入る場合、いくつか気をつけなくてはならない点があります。まず受取人は会社にしておかなければなりません。受取人が社員本人であれば、生命保険料は「税金のかかる給料」となってしまうのです。

受取人が会社になっていれば、生命保険の意味がないように思われるかもしれません。が、やり方によっては、社員が普通に生命保険に入るのと同様のメリットがあるのです。

就業規約などで、社員が死亡したときは会社から保険金相当の弔慰金を払うように定めておけばいいのです。また病気で入院したときも、会社からお金を払うように決めておけばいいのです。

これは一部の社員のみを対象にしていたのでは使えません。全社員に生命保険を同じ条件でかけてやらなければ「税金のかからない給料」にはならないのです。

会社が社員の生命保険料を払ってやる時の条件は次の通りです。

・受取人は会社名義にしなくてはならない
・一部の社員だけを対象にしたものでは不可。全社員が同等に入るようにしなければならない

こうしてみると、衣食住に車、パソコン、携帯に、生命保険まで会社の金で出してもらえるのです。

生活関連費はほとんど会社の経費で賄ってもらえるということです。

育児や介護に充実した支援を

給料の代わりに、育児や介護に関して充実した支援をする、という方法もあります。

給料として現金を支払う代わりに、育児や介護にかかる費用を会社が負担してやる、ということです。

たとえば、次のようなことです。

・保育所などを利用したときにその費用の一部を補助する
・親などが介護施設を利用したときにその費用の一部を補助する
・事業所内に保育所を設置する

こういう制度があれば、育児中の社員や、親の介護を抱えている社員は、非常に助かるはずです。

もちろん、税金、社会保険料の面でも会社、社員とも非常に得をします。

たとえば、認可保育所に入れなかった子供の保育料を、会社が毎月10万円補助したとします。

この10万円を普通に給料としてもらえば、税金、社会保険料合せてだいたい5万円が取られてしまいます。が、会社が育児支援として福利厚生費から支出すれば、この5万円の税金、社会保険料の支払いはなくなるわけです。

年間にすれば60万円も得をするのです。この60万円を会社と社員で山分けすれば、かなり美味しいことになるはずです。

育児支援、介護支援については、細かいことを考えずに会社は思い切って支援策を施していいでしょう。

この分野は、国を挙げて取り組んでいるところであり、どれだけ充実した福利厚生を施しても、否認されることはまずありません。

給料にオプション制を導入しよう

「税金のかからない給料」を増やして社員の税金、社会保険料を安くする場合、一つの問題が生じます。

社員の給料の総額や、社員間の公平の点から問題が出てくることがあるということです。

たとえば、住宅の借り上げ制度を採り入れた場合、家を持っている人や実家から通っている社員にとっては何のメリットもありません。

借り上げ制度を使った社員の給料をどうすればいいか、下げられるものなのか、という問題も出てきます。

また育児支援、介護支援制度などをいくら充実したところで、その恩恵をまったく受けない人もいるはずです。

ご購読ありがとうございました。今後の出版企画の参考に
致したいと存じますので、ぜひご意見をお聞かせください。

書籍名

お買い求めの動機

1　書店で見て　2　新聞広告（紙名　　　　　　　　）

3　書評・新刊紹介（掲載紙名　　　　　　　　）

4　知人・同僚のすすめ　5　上司・先生のすすめ　6　その他

本書の装幀（カバー），デザインなどに関するご感想

1　洒落ていた　2　めだっていた　3　タイトルがよい

4　まあまあ　5　よくない　6　その他（　　　　　　　　）

本書の定価についてご意見をお聞かせください

1　高い　2　安い　3　手ごろ　4　その他（　　　　　　　　）

本書についてご意見をお聞かせください

どんな出版をご希望ですか（著者、テーマなど）

郵便はがき

料金受取人払郵便

牛込局承認

7734

差出有効期間
平成30年 1 月
31日まで
切手はいりません

1 6 2-8 7 9 0

東京都新宿区矢来町114番地
神楽坂高橋ビル5F

株式会社ビジネス社

愛読者係行

ご住所 〒			
TEL: ( )		FAX: ( )	
フリガナ お名前		年齢	性別 男・女
ご職業	メールアドレスまたはFAX メールまたはFAXによる新刊案内をご希望の方は、ご記入下さい。		
お買い上げ日・書店名 年 月 日	市区 町村		書店

「税金のかからない給料」を充実させるために、社員間の公平が大事になります。誰かは得をするけれど、誰かは損をするということになっていれば、「じゃあ、普通に現金でもらったほうがいい」ということになるからです。

そういう問題を解決する手段として、「給料のオプション制」というものをお奨《すす》めします。給料オプション制というのは、給料を決めるときに金額だけではなく福利厚生なども含めて契約するのです。

そして社員は、各オプションを自分で選択できるようにしておくのです。

たとえば、住宅借り上げ制度をオプションとして用意しておきます。このオプションを使う場合は、給料はその分少なくなるようにします。

つまり、このオプションを使わない人は、給料が若干高いようにするのです。

このほかにも、車の免許を取れるなど、さまざまなオプションを用意しておけば、社員は自分の生活スタイルに合わせて給料のもらい方を決めることができるし、大幅な節税ができるのです。

大リーグのイチロー選手が、マリナーズと再契約したとき、様々なオプションが付けられていることが話題になりました。

その中の一つに、日本とアメリカ間のファーストクラス航空券などが付与されるというものがありました。これも、イチローの節税対策ともいえるでしょう。この金額を報酬としてもらえば課税の対象となりますが、航空券としてもらえば必要経費として課税されないからです。

こういう具合に、給料のオプション制は、大リーグにも取り入れられているのです。

また給料のオプション制を導入しているのは、大リーグに限ったことではありません。日本でも外資系企業などでは、一般の社員に導入しているケースは多いのです。前にも述べましたように、外資系企業は、社員の税金や社会保険料まで細かく気を配ります。そして、その手段として、給料にオプション制を導入しているのです。

オプション制を取り入れて、悪いことはまったくないといえるでしょう。

社員は自分の給料を自分で設計し、節税をすることができます。会社は、人件費をもっとも効果的に使うことができますし、社会保険料、消費税などの節約ができるのです。

第3章

給料の代わりにレジャー費を出す

レジャー費用も会社に出してもらおう

前章では、「税金のかかる給料」を減らし、その代わりに衣食住費を会社に肩代わりをしてもらうという方法を紹介してきました。

衣食住に次に必要な生活費って何でしょう?

そうです、レジャー費です。

このレジャー費も、かなりの部分を会社の経費で出すことができるのです。

レジャー費を会社から出す方法は、原則としては、福利厚生費の中から、レジャー費を出すということです(一部、福利厚生費以外の費用項目から出す方法もあります)。

福利厚生費というと、会社のレクリエーションとか、健康診断とかそういうことをイメージされるかもしれません。しかし、そんなものだけではありません。福利厚生というのは、かなり広い範囲で認められているものです。

詳しくは後ほど述べますが、たとえばスポーツジムの会費。アフター5や、休日にスポーツジムに通っているサラリーマンは多いと思われますが、この会費も福利厚生費から出すことができます。

またコンサートや、スポーツ観戦などの費用も、福利厚生費から出すことができます。

さらに、ディズニーランドやクルージングなどのレジャーも、福利厚生費から出すことができるのです。

給料の代わりにこれらの費用を出してやれば、自分で自由にお金を使っているのと同様のメリットを享受しながら、税金、社会保険料を節減できるのです。

また、レジャー費だけじゃなく、書籍等の購入費なども会社から出すことができます。

衣食住だけじゃなく、レジャー費も会社から出してもらえば、もう給料なんて必要ないって感じになりますよね。そこが狙いなわけです。給料としてもらう金額をなるべく抑えることで、税金と社会保険料を大幅に節税しようというわけですから。

では、具体的な方法をご紹介していきましょう。

スポーツジムの会費を会社が出す

まずは福利厚生費の王道を紹介しますね。

それは「スポーツジムの会費」です。

現代のサラリーマンは、スポーツジムに通っているという人も多いはずです。このスポーツジムの会費を会社が出してやるのです。返還が前提となっている入会金は資産として計上しなければなりませんが、月々の会費は、福利厚生費として会社の金で賄うことができます。

会社がスポーツ施設などと契約し、利用料を会社が負担するようにして、社員の給料をその分減らすというわけです。

たとえば、スポーツ施設の利用料が年間18万円だったとします。これを給料から払えば、その18万円には税金、社会保険料が約50％がかかっています。つまり、18万円の会費を給料から払うと、税金、社会保険料として9万円も別に取られているのです。

しかし、会社にその利用料を払ってもらえば、9万円の税金、社会保険料が浮くのです。

スポーツジムの利用料を、会社の福利厚生費から出す場合、注意点があります。スポーツ施設の利用は、すべての社員が希望すれば使えるというようにしていなければならないということです。役員など一部の社員だけが使える、ということでは、福利厚生費としては認められないのです。

だから、もっともよいのは、スポーツジムに会社が法人会員で入る方法です。スポーツジムの法人会員の場合、「月に何人まで無料で利用できる」という形態をとっていることが多いようです。これを利用して、会社のだれもが使用できるようにしておき、実際に使用した人の給料を調整すればいいのです。

コンサート、野球観戦も会社の金で

前項では、スポーツジムについての福利厚生費の使い方をご紹介しましたが、福利厚生費は、ほかにも多様な使い方ができます。

たとえば、野球、サッカーなどのスポーツ観戦。

このチケット代も会社の経費で落とせるんです。

野球やサッカーなどのスポーツ観戦に限らず、コンサートやサーカスなどの観劇費用も福利厚生費で落とすこともできるのです。それどころか、ディズニーランドやＵＳＪなどの遊園地のチケットも、会社の金で出すことができるのです。

もし、こういうレジャー費用の年間10万円分を、普通に給料から支出すれば、税金、社会保険料で約5万円払わなければなりません。しかし、会社から福利厚生費として出してもらえば、５万円の税金、社会保険料は不要なのです。

スポーツ観戦や、観劇は、年に何回までという縛りはありません。ですが、福利厚生費として常識の範囲以内ということになっているので、さすがに毎月ということになると、まずいかもしれません。

社長1人でやっている会社、家族だけでやっている会社でも、もちろん使えます。

観劇費用などを福利厚生費で落とすのに、特に手続きは要りません。が、一応会社の規則で、年何回とか決めておいたほうがいいでしょう。一番いいのは、就業規則にきちんと定めておくことです。

このスポーツ観戦、観劇の費用の件で、気をつけなくちゃならない点は、一部の社員のみが対象になっていてはダメ、ということです。これは、スポーツジムと同様ですね。というより、福利厚生費全般に関しての条件でもあります。

またチケット代を現金でもらうと、給料と同じ扱いになってしまいます。あくまで会社が用意したものを社員に支給したという形をとらなくてはなりません。

福利厚生費はどこまで認められるのか？

ここまで、コンサートのチケット代や、スポーツジムの会費を福利厚生費から出す、ということを紹介してきました。このままいくと、レジャー代はすべて福利厚生費から出すことができるんじゃないか、と思った人も多いかと思われます。

実際、福利厚生費は、社員のレジャー費用をどこまで出すことができると思いますか？

実は、福利厚生費の範囲というのは、厳密な線引きはないのです。

福利厚生などというものは、時代とともに変わるものなので、厳密な線引きはなかなかできないのです。

たとえば社員旅行は、以前は国税の取り扱いでは、国内旅行しか認めない、という方針をとっていました。しかし現在では、現地泊が4泊5日までなら海外旅行も認めるという方針になっています。

また企業によっては、さまざまなユニークな福利厚生をしている場合もあります。

たとえば、クルーザーの販売会社によると、最近、会社の金でクルーザーを買う人が非常に増えているらしいのです。

つまり、福利厚生費として、クルーザーの購入費を出しているのです。

何度も言いますが、福利厚生費というのは、会社が社員の福利厚生のために支出する経費のことです。会社がスポーツジムの会費を出したり、野球観戦のチケットをくれたりするのも、福利厚生の一環なわけです。

そして福利厚生費というのは、明確な範囲が決められているわけではないので、会社や社会の判断に委ねられている部分が大きいのです。
だから「クルーザーで遊ぶ」を福利厚生の一環として、会社の金から出しているところもあるのです。

ただ、税務当局がクルーザーを福利厚生費として認めたかどうかというのは、微妙なところです。税務というのは、「社会通念」ということが重んじられます。明確な線引きがない代わりに、社会通念（社会常識）に照らし合わせて、それが妥当かどうかを判断するのです。

なので、クルーザーが福利厚生として認められるかどうかは、社会通念に判断が委ねられることになります。

この答えは、微妙ですよね？

筆者も、自信を持って「クルーザーは福利厚生費で落としていい」とは言えません。世論的に、「クルーザーで遊ぶくらいは福利厚生だよ」という雰囲気になれば、税務署もそれを認めざるを得ないということになります。

今のところ、クルーザーを福利厚生費で落として、税務当局から否認されたという話は聞きません。ただし、税務上の否認状況というのは、裁判にならない限り、公けにはなりませんので、まったくないのかという保障はありません。

だから、クルーザーを福利厚生費で落とすのは、今のところかなり勇気がいることになります。

税務の取り扱いは杓子定規《しゃくしじょうぎ》にはいかないのです。

あらためて福利厚生の基本的な考え方をご説明すると、だいたい次の三つになります。

- **社会通念上、福利厚生として妥当なものであること**
- **経済的利益が著しく高くないものであること**
- **一部の社員のみが享受できるものではなく、社員全体が享受できるものであること**

この三つの条件にマッチしていれば、だいたい福利厚生費として認められるというわけです。

この一項目にある「社会通念上」というのが、なかなか難しいものなのです。

いろんな解釈ができますからね。

原則的には、福利厚生費の取り扱いというのは、それほど厳しくない、非常識な経理処理をしていない限りは認められると考えておけばいいでしょう。

会社の金で行く「ご褒美旅行」とは？

前項まで、スポーツ観戦や観劇、遊園地などの費用を会社の金で出す方法をご紹介してきました。

が、レジャーの王様がまだ残っていますよね？

そうです、旅行です。

旅行も会社の金で出してもらえれば、世間一般のレジャー費用は、ほとんど網羅《もうら》できるのではないでしょうか？

そして、旅行費用を会社の金で出すことも、可能なのです。

その方法はいくつかあります。

まずは、「ご褒美《ほうび》旅行」です。

どういうことかというと、福利厚生としてではなく「研修旅行」「視察旅行」という名目で、会社の業務として旅行をするのです。

「研修旅行」というのは、会社の業務に関する研修のための旅行です。「視察旅行」というのは、会社の業務に関する視察を行う旅行です。

もうおわかりですね。

個人的な旅行を、「研修旅行」や「視察旅行」という目的をつくって、会社の業務とするのです。

もちろん建前の上では、研修であり、視察です。その体裁はきちんと整えなければなりません。

「○○の市場調査」

「○○の工場の見学」

など、会社の業務を入れるのです。また旅行先の地域に取引先があれば、そことの打ち合わせを入れてもいいでしょう。

また日程も、半分以上は「会社の業務」を入れておかなければなりません。視察ならばレポートなども作成しておくべきでしょう。

しかし、視察や研修というのは、こじつけはできます。そう堅苦しく考えず、会社の業務と関係のあることをうまく結びつけて、旅行をすればいいのです。

テレビ番組などで視聴率が高いときには、「ご褒美ロケ」というのが時々あります。観光地などで、ロケを行い、出演者は観光がてら番組を収録するというわけです。それと同じことをやるわけです。

たとえば、ボーナスの代わりに、ご褒美の視察旅行に行くのです。
もし旅行費用が30万円だったとします。これをボーナスでもらえば、税金、社会保険料で約15万円取られます。しかし会社の視察旅行として、旅行費用を出してもらえば、それがまったくかかりません。

会社は、消費税の課税仕入れが増えますから、消費税の節税にもなります。

ちなみに、この視察旅行、研修旅行というのは、議員さんや公務員の定番のヤミ給与でもあります。視察名目、研修名目で税金を使って遊びに行くというのは、彼らの十八番でもあるわけです。彼らは税金でそういうことをやっているのですから、民間の私たちが、そういう美味しいシステムを使って悪いはずはないのです。

プライベート旅行に補助金を出す

前項では、会社の金で「ご褒美旅行」の費用を出すという方法をご紹介しました。

が、この「ご褒美旅行」には、大きな弱点があります。それは、会社以外の人は同行できない、ということです。つまり、自分の家族や恋人などと一緒に行く、本当のプライベート旅行には、できないのです。

この欠点を補完する別の方法もあります。

社員がプライベートの旅行をしたときに福利厚生費から補助金を出す、という方法です。これは非常にストレートな方法ですし、社員も何の制約もなく、自分のプライベートの旅行ができるわけです。

大企業では、保養施設を持っているところも多いものです。そういう企業の社員は、観光地や保養地で格安で宿泊することができます。また公務員なども公務員用の保養施設があり、同じような恩恵を享受できます。

自前で保養施設を持てれば、それに越したことはありません。福利厚生費として、保養施設につぎ込めば、社員は大きな経済的メリットを受けることができます。

でも、中小企業ではそうそう保養施設など持つことはできません。それでは不公平です。それを補うために、社員がプライベートの旅行をした際に、その宿泊費を補助してやるというわけです。

たとえば、社員が観光旅行などをした場合、1泊につき5000円は会社から補助を出してやるのです。家族にも同様の補助を出します。それを年間20回（人数×宿泊）まではOKというような規定をつくっておくのです。

そうすれば、年間10万円の観光費用を会社が負担してくれることになるのです。

もしこれを自腹で払うとするならば、税金、社会保険料で5万円程度払うことになるのです。

ただし、この方法を使う場合は、気をつけなくてはならない点があります。

それは、宿泊の補助を社員に手渡すのではなく、会社がホテルや旅館などに直接申し込み、社員が会社に残りの宿泊費を払うという形態を取らなくてはならない、ということです(国税局相談窓口に確認済み)。

社員が、自分でホテルや旅館に宿泊の申し込みをし、補助金を会社が出すという形態では、給料として扱われてしまうのです。

これは、スポーツ観戦や観劇の場合と同様ですね。福利厚生の場合は、これが基本です。会社は金を出すだけで本人が手配をする、となると、給料として扱われるのです。あくまで、会社が手配をしたという体裁にしなければなりません。

社員のプライベートの旅行に、補助を出す企業はけっこうあります。一般財団法人労務行政研究所の2001年の調査では、調査対象340社の大企業のうち、39・7%が補助制度がある、と答えています。

なので、福利厚生としては、大企業の中ではかなり一般化された制度だといえます。

ちなみに、補助額の平均は1泊につき3462円です。最低額は1000円、最高額は1万5000円です。そして7割の企業で、年間に使用できる回数を決めているということです（3割の企業は、年間に無制限で使えるということです）。

だから、社会通念上、会社が社員のプライベートの旅行費用を出してやっても、問題はないと言えます。

「社員旅行」として観光ツアーに参加する

ちょっと時代遅れに感じる方もいるかもしれませんが、旅行代を会社が持つ方法の中には、「社員旅行」という手もあります。

社員旅行というのは、一定の条件さえクリアしていれば、全額を会社の経費で落とすことができます。

しかもこの条件がけっこう広いのです。

日程は4泊5日まで可能であり、海外旅行でもOKなのです。海外旅行の場合、海外での滞在が4泊5日以内であればいいことになっています。つまり、機中泊などは含めなくていいのです。

この社員旅行に関しては、一つだけ気をつけなくてはならない点があります。それは社員の50％以上が参加するということです。そして参加しない社員に対して、現金などを渡すことはできません。もしそういうことをすれば、旅行全体が給料として取り扱われます。

たとえば、グアムに社員5名で4泊5日の社員旅行をします。旅費の1人20万円、合計100万円です。もちろん会社持ちです。

これをもし、自分の金で行ったとすると、そのお金は自分の給料から出すわけなので、最低でも1人10万円の税金、社会保険料がかかっていることになります。

しかし会社が福利厚生費として支出すれば、その10万円は払わなくて済むのです。社員全部で50万円です。

もちろん、「社員旅行なんて行きたくない」と思っている人も多いでしょう。

しかし、工夫次第で、魅力のある旅行にできるはずです。

行きと帰りは一緒に行くけれど、現地ではほとんど自由行動にしたり、現地でのオプションツアーをいろいろ用意しておいて、各人に選ばせるなどをすれば、普通の私的な旅行と同じような旅行ができるはずです。

また団体で申し込むことで旅費が安くなりますから、個人ではなかなか行けないところにも行けるというものです。

会社が本、雑誌を買ってやる

インドア系のレジャー費用も、会社のお金で出すことが可能です。

具体的に言うと、雑誌や書籍です。

業界や世間の動向をつかむためや、一般知識を得るなどの研鑽のために、サラリーマンは、本や雑誌を買っていることが多いものです。

この書籍代も、会社から出してもらうことができます。もちろん、社員の税金、社会保険料の節減になります。

たとえば、月5000円、書籍代に使っている場合、年間6万円です。これを自分の給料から払えば、税金、社会保険料約3万円がかかってきます。

しかし、会社から書籍代を支払ってもらえば、それは支払わなくていいのです。

会社も、書籍代は消費税の課税仕入れとすることができるので、2400円の戻し税がもらえます。これを全社員に行えば、けっこうな額になります。

もし社員100人に月5000円の書籍代を出してやれば、年間600万円です。この600万円は消費税の課税仕入れに入れることができますので、48万円の消費税の節税になるのです。

書籍代を会社から出してもらうためには、書籍を買った際の領収書などを提出しなければなりません。

なので、書籍代月5000円などと、あらかじめ社員に枠を与えておき、その範囲の中で、社員が自由に本を買い、その分の領収書を提出するというような仕組みにしておくといいでしょう。

費用として認められる書籍は、会社の業務に限ったものではありません。書籍は、費用として認められる範囲が広いのです。

サラリーマンの場合、どんな本でも、「情報収集」になりえるからです。一般週刊誌などでも、重要な情報源であるから、当然、費用として認められます。

会社の金でテレビ、ブルーレイを買う

先ほど、会社の金で自宅のパソコンを買う、ということをご紹介しました。

次に、テレビ、ブルーレイなどのAV機器を買う方法をご紹介したいと思います。

テレビ、ブルーレイなどを会社の金で購入するには、二つのルートがあります。

一つは、福利厚生費として買う方法です。会社の福利厚生の一環として、テレビ、ブルーレイを購入する、という仕組みをつくっておくのです。

この場合、テレビ、ブルーレイの購入は、会社を通しておいたほうがいいでしょう。会社が買ったものを社員に支給する、という形をとるのです。

テレビやブルーレイの購入を福利厚生費から出していい、とは明示されてはいません。が、社会通念上、テレビやブルーレイは、人々の娯楽として最低限度のものとなっており、これを福利厚生費として支出しても問題はないといえます。

しかし、何度も言いますが、一部の社員だけがもらえるようになっていてはなりません。社員全員が希望すればもらえるようなシステムにしておくことです。

もう一つのルートは、会社の業務としてテレビ、ブルーレイを使うという建前で、会社の備品として買うのです。

テレビやブルーレイから、会社にとっての重要な情報を収集することはよくあることなので、会社の業務として買っても別に無茶なことではないのです。が、この場合、会社の業務に関連するブルーレイソフトや、その類の番組を録画したものを持っておいたほうがいいでしょう。また、これは、あくまで会社の備品という扱いなので、台数や現状など税務署のチェックを受ける恐れはあります。

会社の金でゲーム機は買えるか？

雑誌や書籍代を会社から出してもらえるとなると、「ゲーム機はどうなの？」と思う人も多いでしょう。

ゲーム機の場合、福利厚生費で出すのはちょっと微妙だと言えます。何度か触れましたように、福利厚生費というのは、「社会通念上」という縛《しば》りがあります。ゲーム機が福利厚生の一環として認められるかどうかは、「社会常識」の判断に委ねられることになります。

まあ、これだけゲーム機が普及し、40代、50代の方も普通にゲーム機で遊んでいることを考えれば、福利厚生費として支出してもおかしくない気はします。ただし、筆者としては保証はできません。

ただ、少しでも会社の業務として使用するのであれば、会社の経費から落とすことができます。そのときは、勘定科目は何でもよくて、「備品」などでも構いません。

会社の業務として使うとはどういうことかというと、情報収集などの一環としてゲーム機を購入するのです。世論の動向をつかんだり、マーケティングのために、最新のゲーム機やゲームソフトをチェックすることは、今の経済社会では当たり前のことです。だから、そのあたりから、会社の業務に関連付けることができれば、会社の経費で落とすこともできます。

運転免許費用を会社に出してもらう

給料の代わりに、運転免許の取得費用を出してもらう、ということもできます。

現在の税法では、「業務に関する技能の取得費」を会社が社員のために出してやった場合は、給料として扱わなくていいということになっています。つまり、人件費ではない、普通の会社の経費として計上できるのです。

「業務に関する技能の取得費」とはどういうものかというと、社員が業務に関する技能を取得するために学校などに行った場合の費用です。

ほとんどの会社では、車の免許を持っていたほうが業務上、好ましいはずです。車の免許は、現代人の必需品となっていますが、都会の若い人の中では持っていない人もけっこう多いものです。業務の中で車をまったく使わない会社はほとんどないので、大半の会社も経費を使って社員に免許を取らせることは可能なのです。

また「業務に関する技能の取得費」は、車の免許ばかりではありません。さまざまな資格を取得するための費用が含まれます。

たとえば、不動産会社における宅建の資格です。この資格を社員が持っておけば、支店などを出しやすくなります。不動産会社では、社員の必須資格となっている場合も多いようです。

これらの資格取得費用を会社が出してやるわけです。

もちろん、自分の給料から学費を払うよりも、会社から払ってもらったほうが得になります。自分の給料から払えば、税金、社会保険料がかかりますが、会社の費用であれば、税金はかからないからです。

たとえば30万円で自動車学校に行った場合、自分の給料から払うならば、それには税金と社会保険料だいたい15万円がかかってきます。でもこの費用を会社から出してもらえば、その15万円は払わなくていいのです。

また会社はその30万円は、消費税の課税仕入れに入れられるので2万4000円の節税になります。

ただし、まったく車を使わないような業種では、これは使えません。そういう業種はあまりないかと思われますが、もしあった場合には、車の免許取得費用は、会社から出すことはできません。

資格や技能を欲しいと思わない社員もいるでしょうから、オプションにしておくという手もあります。希望者には、給料を若干、少なくする代わりに会社の金で資格を取らせて上げます、ということにするのです。

そして希望しない社員には、その分給料の取り分を多くするのです。給料のオプション制については、80ページで詳しく述べています。

英会話学校の費用を会社に出してもらう

前項では、社員が会社の業務に必要な知識、技能を身につけるための費用は、会社の経費で落とせることを紹介しました。

これは、資格や免許だけではありません。

語学などの学校に行った場合の費用も出すことができるのです。

最近では、サラリーマンが仕事帰りに英会話学校に行っていることもよくあります。この学費を会社が持てば、税金、社会保険料が大幅に節減されます。

昨今の企業活動で英語がまったく必要ない、などという会社はほとんどないと言っていいでしょう。伝統工芸の職人さんでも、外国人観光客向けに英語を習っていたりするものです。

だから、社員が英語を習おうというとき、会社がその経費を持つのは、おかしいことではありません。

月会費1万円の英会話学校に1年間通うとすれば、年間12万円です。これを自分の給料から出すならば、税金、社会保険料で50％、6万円も取られるのです。しかし会社が負担すれば、これは払わずに済むのです。

また英会話に限らず、いろんな学校、講座の費用も会社から出すことができます。もちろん経理の学校なども、大丈夫です。会社の業務に関係のあるものであれば、なんでもいいのです。

自転車を会社に買ってもらう

昨今では、健康ブームを反映して、サイクリングを趣味に持つ人も増えています。街のあちこちにオシャレな自転車屋さんが見られるようになりました。

この自転車を会社のお金で買ってもらうこともできます。

福利厚生費として会社から出すのです。

自転車は健康にもなるし、エコでもありますから、福利厚生としてはもってこいともいえるでしょう。

自転車は高いものでは数十万円（中には１００万円を超えるものも）します。あまり高いものは、福利厚生費としてはなじまないかもしれませんが、10～20万円くらいまでは大丈夫でしょう。

もし自分の給料から20万円の自転車を買うと、税金、社会保険料で10万円くらい取られることもなります。しかし、会社が社会保険料から出してくれるのなら、この10万円は不要なのです。

ぜひ会社は、福利厚生の中に自転車も入れておきたいものです。

福利厚生をカフェテリア方式にしよう

本章では、レジャー費用を会社の福利厚生費（一部、福利厚生費以外もあり）から支出するという方法をご紹介してきました。

この方法を採用する際に気をつけなくてはならないのは、社員全体の公平を図るということです。

レジャーというのは、各個人の好みが非常に分かれます。だから、レジャーを公平に分配しても、社員にとってはありがたくないということになりかねません。たとえば、野球にまったく興味のない人が、野球のチケットをもらっても仕方がありませんよね？　昔の大企業の福利厚生では、こういうことが時々ありました。

しかも、本書では、「給料をもらう代わりに出してもらう」ということを趣旨としています。給料の代わりに、欲しくもないチケットをもらっても、どうしようもないわけです。そんなものくれるくらいなら、税金、社会保険料を払ってもいいから給料をくれ、ということになるでしょう。

そういう懸念《けねん》を手当するために、「カフェテリア方式」の福利厚生をご提案したいと思います。

前章では、給料を選択制にして、給料以外の特典を厚くする人、給料自体を厚くする人に分ける「給料のオプション制」をご紹介しましたが、それをもう少し細分化し、給料以外の福利厚生プランを選べるようにするという方法です。

これは、福利厚生の分野で「カフェテリア方式」と言われ、昨今、注目を集めているものでもあります。

福利厚生の「カフェテリア方式」というのは、従来のように、社員がすべて同じような福利厚生を受けるのではなく、会社が提示した福利厚生の中から社員が自由に選べるようにするのです。各社員に一定のポイントを与え、そのポイントの範囲で社員は自分の福利厚生を設計することができる、という仕組みです。

たとえば、各社員がポイントを１００ずつ持つことにして、スポーツジムは年間で20ポイント、旅行の宿泊補助５万円分が１回５ポイント、借り上げ住宅が年間50ポイントなどのように設定しておきます。

社員は１００ポイントになるまでは、自由に福利厚生を選ぶことができるのです。もしポイントが余れば、翌年に繰り越してもいいわけです。

ただし、ポイントが余ったときに給料に加算してしまうことはできません。もしそうなると、ポイント全体が、給料と同じ扱いにされてしまうかもしれないからです。

だから、余ったポイントが現金としてもらえるというようなことは明示せず、暗黙の了解で、社員になんらかの恩恵を与えるシステムにしておくべきでしょう。

このカフェテリア方式にすれば、社員がみな自分の好きなものだけを利用することがで

カフェテリア方式を導入した場合のメリット

これまでの福利厚生への不満		カフェテリア方式だと…
利用したいものがない！	→	さまざまなレジャーを提供することができる
地域・年齢・性差別による不公平感がある	→	各社員が平等なポイントの中で自由に選択できるので公平な利用が可能
何年も同じ内容だと飽きてしまう	→	利用状況によって内容の見直しを検討しやすく、新鮮味のある内容の提供が可能

メニュー&ポイント数

社員1人につき年100ポイント使用可能

スポーツジム年会費 → **20**ポイント

プロ野球観戦チケット → **5**ポイント

借り上げ年間住宅費 → **50**ポイント

○○温泉宿泊チケット → **5**ポイント

Aさんの場合

プロ野球観戦チケット×10回＝**50**ポイント
＋
○○温泉宿泊チケット×10回＝**50**ポイント
＝
合計**100**ポイント

Bさんの場合

スポーツジム年会費×1回＝**20**ポイント
＋
借り上げ年間住宅費×1回＝**50**ポイント
＝
合計**70**ポイント　余ったら、翌年に繰り越し

好きな内容を選べるうえ、ポイント制なので不公平感もなし！

きるので、「無駄な福利厚生」が防げるわけです。

そして、なるべく社員が福利厚生を使えるようにするためには、社員の希望を聞いて、プランを揃《そろ》えるといいでしょう。たとえば、観劇のチケットなどでも、あらかじめ社員にどういうチケットが欲しいか希望を取っておくのです。

そうすれば、社員はピンポイントで自分の好きなレジャーの費用を、福利厚生費から出してもらえることになります。

カフェテリア式の福利厚生を提供するサービスもある

このカフェテリア式の福利厚生は、会社がすべての仕組みをつくることはなかなか難しいかもしれません。特に、中小企業では、充実したカフェテリア方式の福利厚生を構築するのは少し大変でしょう。

そういう場合、福利厚生サービス業者を利用する、というのも一つの手だと思われます。

昨今、福利厚生サービスを提供する事業者がけっこういます。それらの業者の中には、カフェテリア方式の福利厚生サービスをまるまる提供してくれるサービスを持っているものもあります。

提携している保育サービス、介護サービス、レストラン、レジャー業者などを、ポイント制で使えるようになっているのです。

もちろん、福利厚生業者に対して、若干の手数料は払うことになります。が、こういう福利厚生事業者は、提携事業者との間で割引制度があるので、手数料を払ってもまだ割引になっている、というケースも多々あります。

ただし、このサービスを利用する場合は、提携業者をチェックしておかなければなりません。中には、まったく使えない業者もありますからね。

また、基本的にこういう業者のサービスを利用しつつ、社員の希望にそって特別なものも用意するというのも手だと思われます。

たとえば、自転車などの購入あっせんなどは、こういう業者はなかなかやっていないので、それは会社が独自に行い、レジャーや食事などは、業者のサービスを利用するというような感じです。

まったく任せっきりになってしまうと、なかなか社員の要望にあったものにはならないので、そのあたりは、弾力的に上手にやってください。

公的な福利厚生サービス業者を利用する方法

福利厚生サービスを提供する業者の中には、半官半民的な業者もあります。

それは、「中小企業勤労者福祉サービス」というものです。

これは厚生労働省が支援して、市区町村単位で設置されている福利厚生団体なのです。

ここに加入すれば、月会費400〜500円くらいで、相当に充実した厚生福利サービスが受けられるのです。

こういう業者に、福利厚生制度の一部を肩代わりしてもらうという手もあります。

この会費や、レジャー施設などの利用料を会社が負担してやるのです。

この「中小企業勤労者福祉サービス」は、「中小企業」と銘打たれていますが、その範囲はけっこう広いのです。

というのも、「中小企業勤労者福祉サービス」に加入できるのは、従業員が300人以下の企業です。普通、中小企業というと、従業員100人以下を指すことが多いので、従業員300人というと、かなりの大企業でも含まれることになります。

全サラリーマンの8割以上が、従業員300人以下の企業で働いているので、つまりは、サラリーマンの8割以上が該当するということなのです。

そして、ここの福利厚生サービスは、超一流企業の福利厚生をしのぐほどのものです。

たとえば、中小企業勤労者福祉サービスセンターの埼玉県川越市支部にあたる「川越市勤労者福祉サービスセンター」の場合、次のようなサービスがあります。

池袋サンシャイン水族館の入場料が、通常1800円のところを会員料金1200円になります。映画料金は通常1800円のところを会員料金1000円になります（映画館は指定あり）。マザー牧場の入場券も通常1500円のところが、会員料金900円になります。西武園ゆうえんちの入場料は、通常3000円のところが、会員料金600円になります。川越湯遊ランドの入湯料が、通常1700円のところが会員料金800円になります（年12回まで）。

これは、川越市勤労者福祉サービスセンターの提携施設のほんの一例です。

しかも提携施設への割引は、だいたい1会員につき5～10名分が適用になりますので、家族の人数分は割引料金を利用できるということです。

これらの施設を年に数回、家族で利用するだけで、会費の元は取れてしまうのです。

しかも、川越市勤労者福祉サービスセンターのサービスはこれだけではありません。

慶弔費として結婚や出産で1万円もらえるほか、災害、病気などでも見舞金が出ます。障害見舞金では30万円ももらえます（交通事故の場合）。

他にも人間ドック利用の場合、８０００円の補助が出たり、各種の教養講座が格安で受けられたり、冠婚葬祭資金の融資なども行っています。

福利厚生としては十二分な充実度だと言えます。

川越市に限らず、どこの市区町村もだいたい似たようなサービス内容を持っています。制度自体は、市区町村によって異なりますが、だいたい入会金が数百円、月会費が４００～５００円程度です。

この１人当たり４００～５００円の会費と、社員がサービスを利用した時の利用料を、会社が負担してやるのです。もちろん、ポイント制にして、社員が自由に公平にこのサービスを使えるようにします。この業者は、ポイントの管理まではしてくれないので、それは会社のほうでしなくてはなりません。しかし、全部、自社で設計するよりは、こういう業者を使ったほうが、安く充実した制度をつくれるはずです。

充実した福利厚生制度をなかなか自前でつくれない中小企業などは、ぜひ念頭に置きたいものです。

国税庁サイトのQ＆Aは非常に紛らわしい

ところで福利厚生のカフェテリア方式に関して、国税庁は次のような非常に紛《まぎ》らわしいQ＆Aをサイトに出しています。

Q　わが社のカフェテリアプランには、次のようなメニューがありますが、これらのメニューを利用することにより従業員等が受ける経済的利益の課税関係はどのようになりますか。

旅行費用、レジャー用品等の購入代、映画・観劇チケットやスポーツ観戦チケットの購入代を一定限度額（10000円）まで**補助する**。

なお、契約している福利厚生施設等を利用する場合には、全従業員等一律の割引料金（契約料金）から**更にポイントを利用することができる**。

A　質問の内容は、使用者が企画・立案したレクリエーション行事のように従業員等に対して一律にサービスが供与されるものではなく、ポイントを利用する従業員等に限り供与されるものであることから、個人の趣味・娯楽による旅行等の個人が負担すべき費用を補するものと認められ、給与等として課税対象となります。

これを読めば、カフェテリア式の福利厚生で、会社がレジャー費を出せば、すべて給料として扱わなければならないように思えてしまいます。

しかし実際は、給料として扱わなければならないのは、会社がレジャー等を手配するのではなく、単に「補助だけを出した場合」や、「ポイントを利用してその人だけが割引をしてもらった場合」です。つまりこの文章では、太字の文言だけが給料扱いになるということなのです。

会社があるレジャーを手配し、全社員一律にそのメリット享受できるという条件であれば、全社員が一斉に利用しなくてもいいのです。

ややこしい言いかたになってしまいましたが、要は、「会社が金だけを出す」という状態はダメだけれど、会社がチケットなどを手配し、全社員がそれを同じ条件で利用できる仕組みになっていれば、希望者だけにそれを配布したとしても給料として扱わなくていいのです。

国税庁の文面を見ると、全社員が一斉に「レクレーション」のような利用をしなければ給料として扱うというニュアンスに取られてしまいますが、そうではないのです。

たとえば旅行費の場合、旅行費の補助という形ではなく、会社がホテルなどを手配し社員がそれに乗ったという形になっていれば、個人旅行であっても福利厚生費として計上できるのです。

別に、全社員一律同じ旅行をしなければならないのではなく、全社員が希望すればこの制度を使えるという状況になっていればいいのです。

またこの国税庁のQ&Aを読めば、スポーツジムやレジャー施設なども、全社員一律に利用するものじゃないと認められない、というふうに取られてしまいます。しかし、全社員の誰もが希望すれば利用できる、ということになっていればOKなのです（国税庁に確認済み）。

というのも、国税庁が出している所得税の基本通達には次のように記されています。

所得税基本通達36－29

（給与において）課税しない経済的利益

使用者（会社）が役員若しくは使用人の福利厚生のための施設の運営費等を負担することにより、当該用役の提供を受け又は当該施設を利用した役員又は使用人が受ける経済的利益については、当該経済的利益の額が著しく多額であると認められる場合又は役員だけを対象として供与される場合を除き、課税しなくて差し支えない。

基本通達というのは、Q＆Aの元になるものですから、基本通達とQ＆Aに齟齬《そご》があれば、Q＆Aのほうが間違っているということです。

この基本通達を読めば、スポーツ施設やレジャー施設などの利用に関して、会社が費用を負担した場合、

・著しく高いモノでない
・役員だけが使えるわけではない（従業員が皆、使えるようになっている）

のであれば、福利厚生費として落とせるということになっているのです。

そして、福利厚生のための施設というのは、スポーツジム、レジャー施設なども含まれるとされています。

実際、国税庁自体が、この方式により福利厚生を行なっているのです。

筆者が税務署に勤務しているときに、税務署はスポーツジムの法人会員になっており、希望する税務署員は、税務署の総務からチケットをもらえば、格安でスポーツジムを利用できるようになっていたのです。これも別に、全署員が一斉に利用するわけではなく、希望者が利用するだけなのです。

つまり福利厚生のカフェテリア方式もOKで、スポーツ施設、レジャー施設などを希望する社員だけが利用するのもOKなのです。

ただし、気をつけなくてはならないのが、繰り返しになりますがレジャー費用を現金で渡すということはNGということです。あくまで会社が手配し、社員はそれを使わせてもらう、という形にしなければなりません。

Q&Aなどで紛らわしい言いかたをして、節税の範囲を狭めようとするのは、国税庁の常套《じょうとう》手段なのです。相変わらず、姑息《こそく》だなあ、国税庁。

第4章

配当金、退職金を使った節税スキーム

ボーナスの代わりに自社株を与える

社員（役員含む）の税金、社会保険料を節減する方法として、本書ではこれまで、課税給与を減らし、非課税給与や経済的恩恵を増やす、という方法を紹介してきました。

しかし社員の税金、社会保険料を節減するのには、もう一つ、別のルートもあるのです。

それは、社員に、給料やボーナスの代わりに自社株を与えるという方法です。

そして社員は、給料やボーナスとしてではなく、配当として会社からお金をもらうのです。

自社株を与えれば、社員は、ただの「雇われ人」だけじゃなく、会社のオーナーという立場になります。会社が儲かれば儲かるだけ、配当という形で、直接的に恩恵を受けることができるのです。

当然のことながら、会社のために頑張《がんば》ろうという気持ちになるはずです。

しかも、会社から配当金をもらう場合、税制上も非常に優遇されているのです。

会社からボーナスや給料をもらうよりも、配当としてもらったほうが、会社も社員も得をするケースが多いのです。

以前は、会社が儲かれば、決算賞与を出して利益調整を図るというのが一般的でした。会社が儲かって利益がたくさん出れば、高率の法人税がかかってしまう、だから、法人税を払うくらいなら、社員に決算賞与で還元しよう、ということだったのです。

そもそも決算期に賞与を出す「決算賞与」というのは、会社の税金対策の意味が大きかったのです。

しかし、昨今は、法人関連の税金が大幅に下げられてきています。

昔は、法人関連税は全部合わせるとだいたい50％近くになっていましたが、現在、会社の利益に対してかかる税金は、法人税、住民税、事業税など合せて約30％です。

また配当を受け取る株主の税金も、非常に下げられています。配当にかかる税金は、所得税、住民税合わせて20％です。配当所得というのは、どれだけ多くもらっても、基本的に20％の税金で済むのです。

だから、会社の利益に比してかかってくる税金というのは、会社が払うものと、株主が配当で払うものを合わせて、だいたい44％になります（計算式は次のページの図の通り）。

しかし、何度も言ってきましたように、現在、人件費に関しては約50％の税金、社会保険料がかかってきます。

だから、会社は決算賞与を出す意味はほとんどなくなっているのです。

会社の配当に関する税金計算

●会社の利益には約30％の法人関連税（法人税、法人住民税、法人事業税）がかかる。

利益 － 約30％ ＝ 約70％ ←── これが配当可能な部分

●残りの70％を配当すると、配当金の源泉税として20％かかる。

70％ × 20％ ＝ 14％ ←── 会社の利益に対する配当源泉税の割合

●法人関連税30％＋配当源泉税14％＝ 44％

↑ 会社の利益に対して、会社と株主が負担する税金の割合

もし会社に利益が出た場合、決算賞与を出すより配当金で払ったほうが、得になるケースが多いのです（ただし所得税が低い人や、所得税がかかっていない人の場合は、決算賞与でもらったほうが有利になる場合もあります）。

しかも、中小企業の800万円以下の利益については、法人税は約26％です。大企業よりも4ポイントも低いのです。

だから、中小企業がちょっと儲かったというような場合でも、決算賞与などを出すよりも、配当金を出したほうが、全然、得をするのです。

昨今、サラリーマンの賃金はなかなか上がらず、その一方で、企業の配当金はうなぎのぼりで上昇しています。

これは、こういう税制上の変革が大きく影響しているのです。

自社株を社員に与えても過半数以下であればリスクはない

自社株を社員に与えるとなると、躊躇《ちゅうちょ》してしまう経営者も多いのではないでしょうか？

特に株を所有し、経営も行っている「オーナー社長」の場合、会社の経営権が奪われるのではないか、という懸念を持っている人も多いかと思われます。


しかし自社株を社員に与えることはそれほど危険なことではありません。

ご存知のように、会社の最高決定権は、株式の保有数で決まります。株を過半数持っていれば、経営権は揺るがないのです。逆に言えば、株の半分までは、社員に与えても経営にはほとんど影響はないわけです。


社員に株を与える場合、経営者が持ち株を与えるよりは、増資をして、増資分の株を社員に与えたほうがいいでしょう。

そして、できれば増資分の株も与えるのではなく、社員に買わせるという形をとったほうが好ましいといえます。

というのも、自社株を社員に与えるということになれば、給与と同じ扱いになり、税金や社会保険料が課せられるからです。これを避けるためには、社員が増資分の株を買ったという形にしたほうがいいでしょう。

ストップオプションを使いこなせ

そして、自社株を社員に買い取らせる場合は、「ストックオプション」という制度を使うといいでしょう。

ストックオプションというのは、その会社の株を購入する権利のことをいいます。

「何年何月何日にいくらの金額でこの会社の株を買える」

という権利です。

昨今、外資系企業、ＩＴ企業などを中心に、自社の役員や社員にこのストックオプションを与える会社が多くなっています。

しかしストックオプションは、外資系企業やＩＴ企業だけのものではありません。また大企業だけのものでもありません。どんな企業もこれを導入することができますし、これを使えば、さまざまなメリットを得ることができます。

ストックオプションを役員や社員に与えれば、会社の業績が上がることが、彼らの経済的利益に結びつきます。

また非上場会社のときに、役員や社員にストックオプションを付与しておけば、株式を公開するようになったら、彼らは莫大な利益を手にすることになります。

ストックオプションは、役員や社員の会社への忠誠心やモチベーションを高めるのに非常に役に立つといえます。

「うちの会社は上場する気なんてないし、将来、株価が上がることなんてあり得ないよ」

と思った人もいるでしょう。

しかし、ストックオプションの効力は、何も上場した場合にかぎりません。

上場せずとも、株を購入することもできるわけです。

会社が非常に儲かり、毎年、かなり高い配当を出しているということになれば、上場していなくても、その株は魅力があるはずです。社員も、きっと自社株を買いたいと思うはずです。

だから、ストップオプションを社員に与えることは、社員にとっては給料やボーナスをもらうのと同様の恩恵を感じるはずなのです。

会社が社員にストックオプションを与えても、会社は何も経済的な負担をする必要はありません。

つまり、会社は何も費用をかけずに、社員に大きなボーナスを与えることができるのです。まったく金をかけることなく、高額のボーナスを与えたのと同様に、社員のモチベーションを上げることができるのです。

ストップオプションの税金はこんなときにはかからない

ストックオプションがなぜいいかというと、税金面でいろいろと優遇されているからなのです。

ストックオプションの税金は、少し複雑ですので、ここで説明しておきますね。

ストックオプションというのは、莫大《ばくだい》な利益を得ることもあります。そのときの税金というのは、以前は明確に定められていませんでした。

そのためストックオプションで利益を得た社員は、この利益を一時所得として申告しましたが、税務当局は給与所得として課税しようとしました。一時所得と給与所得では、概算で倍も違うので、当事者にとっては大きな問題です。ですから多くの訴訟が起こされました。

これまではっきりとしたガイドラインがなかったので、こういう問題が起きたのですが、今では税務当局は明確なガイドラインをつくっています。

ストックオプションを使って株を購入したときに得た利益は給与所得、その株を売って得た利益は株の譲渡所得として、課税されるようになったのです。

ただし一定の要件を満たし、権利を行使して株を取得したときには税金がかからないようになっています。

また上場していない中小企業がストックオプションを付与するだけならば、税金の問題はほとんど発生しません。

税制適格ストックオプションとは？

ストックオプションについては、「税制適格ストックオプション」というものが定められています。

これは、一定の要件を満たせば、権利行使時（実際に株を購入したとき）にかかる給与所得課税がなくなるというものです。

つまりストックオプションで莫大な利益を得ても、一定の要件を満たしていれば、税金がかからないのです。

一定の要件とは、次の通りです。

●ストックオプションをもらってから、実際に株を買うまでの期間が2年超10年以内

●ストックオプションで購入できる株は年間1200万円以内

●ストックオプションをもらったときに決められた株の買取価格は、そのときの株の時価以上であること

ただし、株を売ったときには、その売買益に対して、譲渡所得としての税金がかかります。

この「税制適格ストックオプション」は、つくられた当初は社長は対象外とされていました。社長以外の役員、従業員だけが税制適格ストックオプションを得られる、ということになっていたのです。

しかし新会社法にともなう税制改正で、社長にも「税制適格ストックオプション」が使えるようになりました。

ですから中小企業もストックオプションを使いやすくなったということがいえます。

オーナー社長の報酬も下げたほうがいい

ところで日本では、経営者であり筆頭株主であるという「オーナー社長」の会社がけっこう多いものです。

このオーナー社長の報酬も、社員の給料と同様に、「基本給」は下げたほうがいいといえます。

以前は、「オーナー社長の報酬は高いほうが節税になる」というのが、定説でした。

もし、オーナー社長の報酬を低くしておいて、会社の利益が大きくなっても、オーナー社長にはボーナスなどを払うことはできません。だから、会社の利益がそのまま残ってしまい、法人税で徴収されてしまうことになります。

またオーナー社長の報酬は、原則として期の途中で増額することはできません。今年は景気がいいみたいだ、という感じになっても、では社長の報酬を上げよう、というわけにはいかないのです。

オーナー社長は、会社の景気が良くても、その対価を受け取ることができず、法人税などの支払いが増えるばかりでした。

だから、オーナー社長の報酬は高めに設定しておいて、もし払えなくなったら減額したり、未払いにする、というのが基本だったのです。

社長の報酬は、期の途中で増額することはできませんが、減額したり、未払いにすることは、ギリギリ認められていたのです。

ところが、昨今は、オーナー社長の報酬は必ずしも高めにしないほうがよくなってきたのです。

それは前述したように、法人関連税や、株主の税金が非常に下げられてきたからです。

一方で、社長の報酬に対してはしっかり税金がかかります。

所得が1800万円を超えれば、所得税、住民税含めて50％もの税金が課せられます。

給与所得控除の上限が220万円ですので、その他の控除を入れても、役員報酬がだいたい2400～2500万円を超えれば、税率は50％となるのです。

しかも、社長の報酬に対しては、社会保険料もかかります。

会社負担、本人負担合せて約30％です。オーナー社長の場合、会社負担といっても、実質自分で払っているのと同じです。だから、30％の負担がまるまるかかるのです。社会保険料は掛け金の上限があるので、30％そのものになるわけではありませんが、年収1000万円くらいの人は30％前後を払わなければならなくなります。

つまり、オーナー社長というのは、その報酬に対して、税金と社会保険料で実質6割くらいが取られているのです。報酬の額によって、その率は上下しますが、年収1000万円から2000万円くらいの人は、そういうことになるはずです。

となると、もし会社に儲けが出た場合、社長に報酬を支払うより、会社の利益として計上し、配当金をもらったほうが得だということです。

以前は、オーナー社長などが会社に利益を貯めこんだ場合、「内部留保金課税」というものが課せられていました。しかし、現在は資本金1億円未満の会社は、課税されません。だから、配当を出したくない場合でも、安心して会社に貯めこんでおくことができるのです。会社の景気がいいときには、以前のように社長の報酬に回そうなどとは考えず、会社に残しておいたほうがいいということです。

今となっては社長が、会社の金を報酬としてもらうのが、一番、効率が悪いといえるのです。

同じお金をもらうなら給料よりも退職金のほうが断然有利

給料の税金や社会保険料を抑えるには、「退職金」も重要なアイテムといえます。

特に中小企業の場合、「退職金」をうまく活用することで、人件費にかかる税金や社会保険料を大きく下げることができます。

最近では、退職金をなくして、その分を毎月の給料に上乗せしよう、という会社も増えています。

しかし、退職金はやはりあったほうがいいのです。

まず退職金があるのとないのとでは、従業員の会社に対する姿勢がまったく違ってきます。

退職金は将来にもらえるお金です。ということは、従業員が退職金をもらおうと思えば、会社が長く存続するように頑張らなければならないし、自分も会社を辞めないようにしなければなりません。

もし退職金がなければ、従業員は、会社のことを「当座の金を稼ぐ場所」としか思わなくなります。会社全体の利益を考えず、自分の利益だけを考えるようになり、嫌なことがあればすぐに辞めてしまいます。

なので、退職金は、従業員の心をつかむために必要なアイテムだといえるのです。

しかも、先に述べたように、退職金は、税金、社会保険料を減らすためのアイテムにもなるのです。

というのも、退職金には、社会保険料はかかりません。

税金も、普通の給料よりもかなり格安になっています。

退職金の税金は、次のように計算します。


（退職金－退職所得控除額）×２分の１×税率＝退職所得の税金

だから、もし20年勤務して退職金を１０００万円もらった場合は、次ページの図のような計算式になります。

20年勤務して１０００万円もらった場合は、たった15万円ちょっとの税金で済むのです。

社会保険料はかかりません。

ところが、もしこの１０００万円を50万円ずつ20年に渡って給料に加算するとします。

退職金の計算方法

●課税対象の計算

（1000万円 － 40万円×20年 ）×2分の1＝ 100万円

↑ 控除額

↑ これが課税対象となります

●所得税額の計算

課税対象100万円の場合、所得税の税率は5％（速算表参照）なので、5万円となります。この税額に1、021を掛ければ、復興特別税を含めた所得税額になります。

5万円 × 1.021 ＝ 51,050円

↑ これが復興特別税を含めた所得税額

●住民税額の計算

課税対象 100万円 × 10％ ＝ 10万円

●住民税額の計算

所得税額 51,050円 ＋ 住民税 100,000円 ＝ 151,050円

↑ これが税金の総額

退職所得控除額

勤続年数（＝A）	退職所得控除額
20年以下	40万円 × A （80万円に満たない場合には、80万円）
20年超	800万円 ＋ 70万円 ×（A － 20年）

退職金の所得税率の速算表

課税退職所得金額 (A)	所得税率 (B)	控除額 (C)	税額＝((A)×(B)－(C)) ×102.1％
195万円以下	5％	0円	((A)×5％)× 102.1％＊
195万円を超え 330万円以下	10％	97,500円	((A)×10％－97,500円) ×102.1％
330万円を超え 695万円以下	20％	427,500円	((A)×20％－427,500円) ×102.1％
695万円を超え 900万円以下	23％	636,000円	((A)×23％－636,000円) ×102.1％
900万円を超え 1,800万円以下	33％	1,536,000円	((A)×33％－1,536,000円) ×102.1％
1,800万円を超え 4,000万円以下	40％	2,796,000円	((A)×40％－2,796,000円) ×102.1％
4,000万円超	45％	4,796,000円	((A)×45％－4,796,000円) ×102.1％

＊最後に102.1％を掛けるのは「復興特別税」

50万円の給料増に対して、平均的サラリーマンでだいたい税金、社会保険料含めて25万円が課せられます。それが、20年分ですから500万円です。

つまり、退職金としてもらえば15万円で済む税金（社会保険料含む）が、給料としてもらえば500万円もかかるのです。

だから退職金は、給料に加算されるよりも、退職金でもらったほうが断然得なのです。

中小企業は「中小企業退職金共済」を使いこなせ

このように、人事戦略上は非常に有効な退職金ですが、昨今の税制改正により企業は非常に退職金を出しにくくなってきています。

以前、退職引当金は税務上の経費として認められていました。しかし、昨今の税収不足により、この退職引当金の損金算入が認められなくなりました。

退職引当金とは、将来退職金が生じたときのために、あらかじめお金を積み立てておくというものです。しかし、損金算入が認められなくなったということは、退職引当金を積み立てても、それは経費としては認められず、法人関連税が課せられてしまうのです。

いつでも退職金を払う体力のある大企業ならば別として、いつでも退職金を準備できるほどの体力がない中小企業は、結構しんどくなったはずです。

が、中小企業には、退職金に関して救済制度があるのです。

むしろ、退職引当金よりも、有利な制度なのです。

それは、**「中小企業退職金共済」**です。

「中小企業退職金共済」というのは、中小企業が、共済を通して退職金を積み立てれば、それを全額損金（経費）に計上することができるというものです。

中小企業退職金共済とは、中小企業がこの共済に毎月いくらかずつを積み立てて、それを従業員が退職したときに退職金として支払うという制度です。

中小企業退職金共済を使えば、企業が毎年損金計上しながら、退職金を積み立てることができるのです。

たとえば、中小企業退職金共済を使って１人当たり月３万円を積み立てていたとします。

これは会社の経費に計上することができますので、**毎年社員1人当たり36万円の経費計上ができます。**20年後には利子も含めるとだいたい８００万円に、30年後には１２００万円くらいになっているのです。

それだけの備えがあれば、社員が退職したときに慌《あわ》てなくてすむでしょう。

また、国からの若干の助成もあります。

中小企業退職金共済は、資本金5000万円以下（製造、建設業は3億円以下、卸売業は1億円以下）の企業であれば、どこでも加入できます。

中小企業退職金共済の掛け金は、従業員1人当たり月5000円から3万円まであり、その間の増額は自由にできます（減額は、理由が必要）。

また特例としてパートタイマーなどには、1人当たり月2000円から4000円の掛け金設定もあります。

ただ原則として、全従業員に掛けなければなりません。

経営者や役員、家族従業員は、加入することができないので、経営者の資産形成のためには使えないのです。

今まで退職金がなかった中小企業も、この制度を使って、ぜひ退職金を導入したいものです。

中小企業退職金共済事業本部
〒170-8055　東京都豊島区東池袋1-24-1　電話03-6907-1234

第5章

年金受給額を減らさずに社会保険料を減らす方法

年金受給額を減らさずに社会保険料だけを減らす

これまで税金、社会保険料を節減する方法を紹介してきました。しかし、「社会保険料を減らせば、年金受給額も減るんじゃないか？」と疑問を持った方もおありなのではないでしょうか。

確かに、その通りです。

社会保険料を減らすということは、厚生年金の掛け金も減らすということなので、必然的に年金受給額も減ります。

健康保険の掛け金はいくら削ってもいいのです。健康保険は加入さえしていれば、医療費の負担割合3割というのは変わりません。だから健康保険料は低いに越したことはないのです。が、雇用保険は失業手当の給付額に影響が出ますので、ただ下げればいいというものでもありません。

なるべくなら、年金受給額が減るのは避けたいものです。

なので、この章では、税金、社会保険料を節減しつつ、年金受給額を減らさない方法を紹介したいと思います。

昨今、サラリーマンの公的年金は、厚生年金だけじゃなく、「確定拠出年金」というものが使えるようになりました。この「確定拠出年金」を使えば、年金受給額は下げずに、社会保険料全体を下げるということも可能になりました。

中小企業の経営者の場合は、確定拠出年金だけじゃなく、「小規模企業共済」を使うことにより、年金受給額を維持する方法もあります。

また、これまで税金や社会保険料は、おおむね基本給の部分にかかってくると述べてきました。しかし税金と社会保険料は、基本的な仕組みは似ているものの、それぞれ微妙に算出方法が違います。これをうまくつかんでおかないと、せっかく努力をしても、社会保険料は下がらないということになりかねません。

このように、ただ税金と社会保険料を下げるだけじゃなく、将来の年金受給額や、税金と社会保険料との兼ね合いなどを含めて、いかにすれば、会社や社員が得になるかということを、説明していきたいと思います。

社会保険料の掛け金を下げる方法

本書では、これまで、税金、社会保険料のかかる名目給料を引き下げ、その分、別の方法で実質的な給料をもらうということを趣旨としてきました。

が、実は名目給料を下げる努力をしても、社会保険料というのは、必ずしも下がるとは言えないのです。というのも、社会保険料の掛け金の算出方法というのは、ちょっと特殊だからです。

税金、社会保険料は、給料に対して一定の割合でかかってくるものです。

しかし、その計算方法は違います。

税金の計算方法は、年間に支払われる給料の総額に対して一定の割合で課せられることになっています。

一方、社会保険料は、毎年4月、5月、6月の給料の平均値に対して、一定の割合で課せられることになっています。またボーナスにも一定の割合で課せられます。

だから、社会保険料というのは、年間の給料支払い額にかかわらず、4月、5月、6月の給料と、ボーナス額を少なめにしておけば、年間の掛け金を抑えることができるのです。

逆に言えば、いくら年間の名目給料を下げる努力をしていても、4月、5月、6月の給料があまり下がっていなければ、社会保険料の額は高くなってしまうのです。だから、税金、社会保険料を下げる努力は、4月、5月、6月を中心に行うべきです。とくに残業などは4月、5月、6月は抑えるべきです。

これは、年金の裏ワザとして時々紹介されることがあるので、ご存知の方も多いかと思われます。

確定拠出年金を使えば年金受給額を維持できる

社会保険料の額を下げれば当面は得をしますが、将来の年金額が下がるというリスクを背負うことになります。

現在の日本の財政や、人口動態を考えれば、将来、年金がどうなるのかというのは、なかなかわかりにくいものがありますし、今後は年金受給額はどんどん減ると思われます。が、だからといって、公的年金をまったく諦めてしまうのは非常に危険です。公的年金なしでは、老後の生活設計はできませんからね。

なので、今の段階でも、公的年金の額を増やしておく（維持しておく）必要はあるとい

社会保険料の掛け金を下げる

↓

健康保険には影響しないが、年金の受給額は減る

↑

これを補うために確定拠出年金に入る

その結果

↓

社会保険料全体の掛け金が下がり、健康保険、年金受給額は影響を受けない

えるでしょう。

そして、公的年金の額を増やすにあたって格好のスキームが「確定拠出年金」なのです。

確定拠出年金は、２０１７年に大幅に改正され、サラリーマンのほとんどが個人加入できるようになりました。ｉＤｅＣｏ（イデコ）という名称で金融機関などが大々的に宣伝しているので、ご存知の方も多いでしょう。

だから、「個人加入する年金」というイメージを持っている方も多いようですが、確定拠出年金は、会社が入ることもできるのです。

確定拠出年金には、個人型と企業型の2種類あり、個人型は個人個人が勝手に入るものですが、企業型は、会社ぐるみで加入することができるのです。

この「企業型確定拠出年金」というのは、企

業年金の「進化系」というようなものです。

大企業の中には、厚生年金の他に企業年金をつくっているところも多いものです。

企業年金の基本は、企業が掛け金を出すというシステムです。厚生年金では足りない部分を企業年金で補おうということです。

その企業年金の性質に、個人の自助努力による「資産形成」を組み込んだのが、企業型確定拠出年金だといえます。

この企業型確定拠出年金に会社が入れば、社会保険料を下げても厚生年金の受給額が減っても、その分を補うことができるのです。

企業型確定拠出年金とは？

では、企業型確定拠出年金について、少し説明しますね。

企業型確定拠出年金というのは、会社が「厚生年金とは別に」社員の年金を拠出できるという制度です。

社員1人当たり月5万5000円を限度です（企業年金のない会社の場合）。

つまり、月5万5千円までは、公的年金の追加ができるというわけです。月5万

5000円も掛ければ、年金は相当に充実したものになるはずです。またこの程度のお金は、他の税金、社会保険料を下げさえすれば、簡単に用意できるはずです。

社会保険料を下げて厚生年金の受給額が減っても、この追加拠出によってカバーすることができるのです。

「社会保険料を下げても、確定拠出年金の拠出金が増えるのであれば意味がないじゃないか」

と思われる人もいるかもしれません。

が、社会保険料というのは、健康保険も厚生年金も雇用保険もいっしょくたになって、賃金に応じてかかってきます。これは非常にバカバカしいことです。特に健康保険はいくら払っていても、恩恵はまったく同じにもかかわらず、かなり高額です。だから、健康保険料は少ないほうが絶対にいいのです。また雇用保険なども、実際はほとんど役に立ちません。

が、年金は将来の自分の生活費なので、そう下げるわけにはいきません。

つまり、社会保険料全体を下げて、公的年金をあとで追加するということで、「無駄な社会保険料」を削減できるというわけです。

前項では、企業型確定拠出年金は、企業年金のようなものと言いましたが、両者は明確に違う点があります。

企業年金というのは、会社が社員のために積み立てているものですが、原則として「会社のお金」という建前があります。

退職まで会社のために貢献した社員が、その褒賞《ほうしょう》として、もらえるものです。

途中で退社したり、会社がつぶれたりしたら、ほとんどの場合、もらえなくなるものです。

しかし、企業型確定拠出年金の場合は、会社は各社員ごとの口座をつくってそこに年金を積み立てています。

だから、退社した場合でも、その口座に積み立てられた年金は、原則としてその社員のものということになります。会社が倒産しても、その口座は残ります。

より、社員のためになったといえます。

企業型確定拠出年金というのは、以下のような制度です。

1　会社が掛け金を負担

会社が毎月、一定の掛金を社員の個人別口座に拠出します。この口座は、明確に区分されており、原則としてその社員個人の年金資産ということになります。

2　運用は社員が自分で行う

社員は、会社の用意した運用商品の中から自分で選択し、会社が出してくれた拠出金で購入します。その掛け金と運用益が、自分の年金資産になるわけです。

3　年金として受給

ここで蓄積されたお金は、原則として60歳になったら、年金または一時金として受け取ることができます。転職したような場合は、口座を持ち出すことができます。

企業型確定拠出年金でも社員が自分で運用する

そして企業型確定拠出年金は、会社が加入するといっても、企業年金のように会社が運用まで行うわけではありません。

会社は金融機関を通して確定拠出年金に加入し、掛け金までは支払います。

しかし、そこで掛けられた各人の年金資産については、各人が自分で運用しなくてはなりません。

金融機関が用意してくれた金融商品の中から、自分で適切なものを選択し、運用しなくてはならないのです。

もちろん、うまく行けば年金資産は大きくなりますし、失敗すれば損をすることになります。

ただ、金融機関が提示する金融商品の中には、だいたい元本保証された定期預金的なものが含まれています。だから、資産運用が苦手、もしくは面倒くさいというような人は、そういう安全な金融商品を購入しておけばいいのです。

「自分で運用する」といってもリスクは回避できる

確定拠出年金は、社員それぞれが自分で運用するという建前になっています。

これを面倒だと思う人もいるでしょうし、リスクを心配する人もいるでしょう。

が、心配することはありません。

企業型確定拠出年金の場合、企業が用意した金融商品を社員が自分で選んで運用する、ということになっています。

これまでは、この「会社側が用意する金融商品」が、あまりに多すぎたのですが、2017年の法改正で、これが改善されました。

以前、会社は金融機関に提案されるままに、金融商品を採用していたので、数十種類に及ぶことも珍しくありませんでした。忙しいサラリーマンにとって、数十種類の金融商品の中から、適切なものを選択するというのは、大きな負担でもありました。

が、2017年の改正では、企業は金融商品を一定数以下に絞ることが定められました。また企業には分散投資に適した商品リストを提示する義務なども加えられました。

商品リストの運用成績が、あまりにダメな結果になると、会社側もそれなりに責任を感じることになります。運用成績について法的に責任が生じるわけではありませんが、結果が悪ければ、やはりやはり社員から不満が出るはずですし、会社側もそうそう無責任なことはやっていられなくなりました。

これまでは会社側は、金融商品を適当にたくさん採用し、それを社員に選ばせて、「運用結果は社員の自己責任」ということになっていました。が、今後は、企業側もある程度、金融商品を研究し、社員に安全で有利な金融商品を提示することが求められるようになったのです。

もちろん、これは会社がやる業務ではなく、金融機関がやってくれる業務です。

これで社員の負担は大きく減り、確定拠出年金が使いやすくなったと言えるでしょう。

また社員が金融商品を選べずにいる場合、会社が選んだ投資商品を自動購入させることができる仕組みもつくられることになります。

社員が金融商品を選ばないままになっている場合、一定期間を過ぎると通知とともに、会社の選んだ投資商品を自動購入したことにできるようになったのです。

そのため会社側は、分散投資して、なるべくリスクを押さえた商品を用意することになります。これはアメリカの401kプランやイギリスのNESTなどでも採用されている制度です。

確定拠出年金は厚生年金よりも安心？

何度か触れましたように、企業型確定拠出年金は、掛け金は会社が出してくれるけれど、運用と管理は社員が自分で行うという制度です。

これは、いろんな意味で、社員にとって有利なものです。

これまでの企業年金などでは、年金の運用は企業や運営側に任されており、加入者はまったく関与できませんでした。

が、確定拠出年金では、加入者本人が運用方法を決めることができます。そして運用がうまくいけば、年金額を増やすこともできます。

そして、なによりも、国からピンハネされなくて済むのです。

確定拠出年金は、自分で掛けた年金の額とその運用実績について、加入者は常に自分でチェックをすることができます。自分は今いくら年金をかけていて、将来いくらもらえることになる、というのが明確にわかるのです。

厚生年金など他の公的年金制度は、少子高齢化社会を反映して、たびたび支給額や支給方法などが変わります。将来もらう側としては「どの程度あてにしていいかわかりづらい」という面があります。

また年金の一部を国が勝手に運用して大損したりというようなことも、これまでたびたびありました。

が、確定拠出年金にはそういう不確定要素がほとんどないのです。

掛けた分と運用した分は必ず自分がもらえるのです。

そういった面では、一番、安全な「年金」といえるかもしれません。

中小企業も企業型確定拠出年金に入りやすくなった

企業型確定拠出年金は、企業にとってスグレモノです。

企業年金と違って、資産の運用を社員個人が行いますから、運用結果について会社は責任を負わなくていいわけです。

また企業は、税制上の優遇措置も受けられます。

退職金を積み立てるよりも、企業型確定拠出年金に加入して、退職金代わりにするほうが、よほど有利なのです。

これまでは会社が確定拠出年金に加入するには、大きなネックがありました。

手続きが面倒だったのです。

企業型確定拠出年金には、さまざまな事務手続きが必要となっているのです。だから、経営基盤の弱い中小企業はなかなか入れるものではありませんでした。

が、２０１７年の改正により、これがかなり改善されました。

中小企業（従業員１００人以下）を対象に、設立手続き等を大幅に緩和した「簡易型ＤＣ制度」が創設されたのです。

これにより、中小企業でも企業型確定拠出年金に入りやすくなりました。

また企業型確定拠出年金に加入はしていない企業でも、社員が個人型確定拠出年金に加入していれば、事業主がこれに若干の拠出をできるという制度も創設されます。これは「個人型確定拠出年金への小規模事業主掛金納付制度」というもので、従業員100人以下の中小企業が対象となっています。

これにより、経営体力的に企業型確定拠出年金に加入するまではできなくても、従業員の年金のために、若干の補助をする、ということができるようになったのです。

これらの確定拠出年金の制度を使えば、社会保険料を下げることによって生じる将来の年金受給額の減少を全部カバーすることができるのです。

つまりは、社会保険料を下げつつ、健康保険も年金も変わらずに享受できる、ということが可能になるのです。

確定拠出年金は手数料が高い

このようにサラリーマンの公的年金を補う上で、確定拠出年金は、非常に有効なアイテムなのですが、一つだけネックがあります。

それは手数料が高すぎることです。

実は、確定拠出年金は、国に支払う手数料が異常に高いのです。

まず、確定拠出年金に入った場合、口座開設手数料として2777円払わなければなりません。これは、金融機関が受け取るのではなく、国民年金基金連合会という国の機関へ支払う手数料なのです。

しかも、国が手数料を取るのは、口座開設時だけではありません。

毎月の掛け金からも取るのです。

国が毎月取る手数料は103円です。年間にすれば、1人1200円以上となります。何百万人、何千万人が加入すれば、けっこう大きい金額になるはずです。

しかも、確定拠出年金は給付時にも手数料がしっかりかかってきます。給付時に取られる手数料は、給付1回につき432円です。

国が取る手数料というのは、口座管理のための費用という名目になっています。そして、支払先は、「国民年金基金連合会」です。

が、この手数料、なぜ取らなければならないのか、まったく意味がわかりません。

確定拠出年金は、窓口となっている金融機関が掛け金の預かり、運用の手続きなどすべてを行ってくれるのです。「国民年金基金連合会」が行う業務などはないのです。

確定拠出年金の国の手数料

口座開設時	退職所得控除額	2777円
加入期間	一か月につき	103円
還付時	還付一回につき	432円
給付時	給付一回につき	432円

にもかかわらず、開設時に3000円近く、毎月103円も取っているのです。

これは、ピンハネ以外の何モノでもないといえます。

この国がピンハネしている手数料の受取先である「国民年金基金連合会」というのは、厚生労働省などの天下り先になっている機関です。つまりは、霞が関の官僚たちの天下り先にお金を回すために、手数料を異常に高く設定しているのです。

こういう仕組みは、何も確定拠出年金に限ったものではありません。国民生活のあらゆる部分に及んでいます。

役人の批判をするのは、本書の趣旨ではないのでこの辺でやめておきますが、役人というのは、国民のために何かいい制度をつくれば、必ずどこかでピンハネをする仕組みをつくるのです。非常に頭に来ることですが、この手数料を避ける術《すべ》は今のところないのです。

手数料を払っても、確定拠出年金は使い勝手がよいし、他に妥当な方法もないので、厚生年金の補完には確定拠出年金を使うべきだといえるでしょう。

通勤手当は15万円までは満額もらったほうがいい

都心部では、通勤にけっこう時間がかかる人も多いと思われます。

ほとんどの会社は通勤手当を出しているようですが、中には、昨今の不景気で、通勤手当を削ったり、廃止したりする会社もあるようです。

この通勤手当は、ちょっと複雑な仕組みを持っており、払い方によってやその人の通勤状態によって得になったり損になったりするのです。

というのも、税金と社会保険では通勤手当の取り扱いが違うのです。

通勤手当は、現在の税法では15万円までは「税金のかからない給料」となっています。

通勤費を給料としてもらえば所得税、住民税がかかりますが、通勤手当としてもらえばこれはかかりません。だから、税金面だけを見れば、通勤手当は15万円までは満額をもらったほうが有利になるのです。

ところがです。

社会保険（健康保険、厚生年金、雇用保険）では、通勤手当は、基準となる賃金の中に含めなくてはなりません。

社会保険は、会社と社員の負担の合計は約30％です。

一方、所得税と住民税の負担額は、平均的サラリーマンで20％前後です。

もし、15万円の通勤手当をもらったとしたら、平均的サラリーマンで税金が約3万円節減できます。が、社会保険は会社負担、社員負担と合せて4万5０００円程度となります。

しかし、もし通勤手当をもらわずに、その分を普通に給料としてもらったとしたら、税金と社会保険の両方がかかってくるわけです。つまり、もし自腹で通勤費15万円を支払ったとすれば、税金、社会保険料で約7万5０００円取られるわけです。

だから、どうせ給料としてもらうならば通勤手当としてもらったほうが、税金分だけ得になるのです。


通勤手当に上限を設けている会社もあるようですが、この上限は15万円にするべきです。通勤手当の非課税限度額が15万円だからです。

マイカー通勤者の非課税手当の限度額

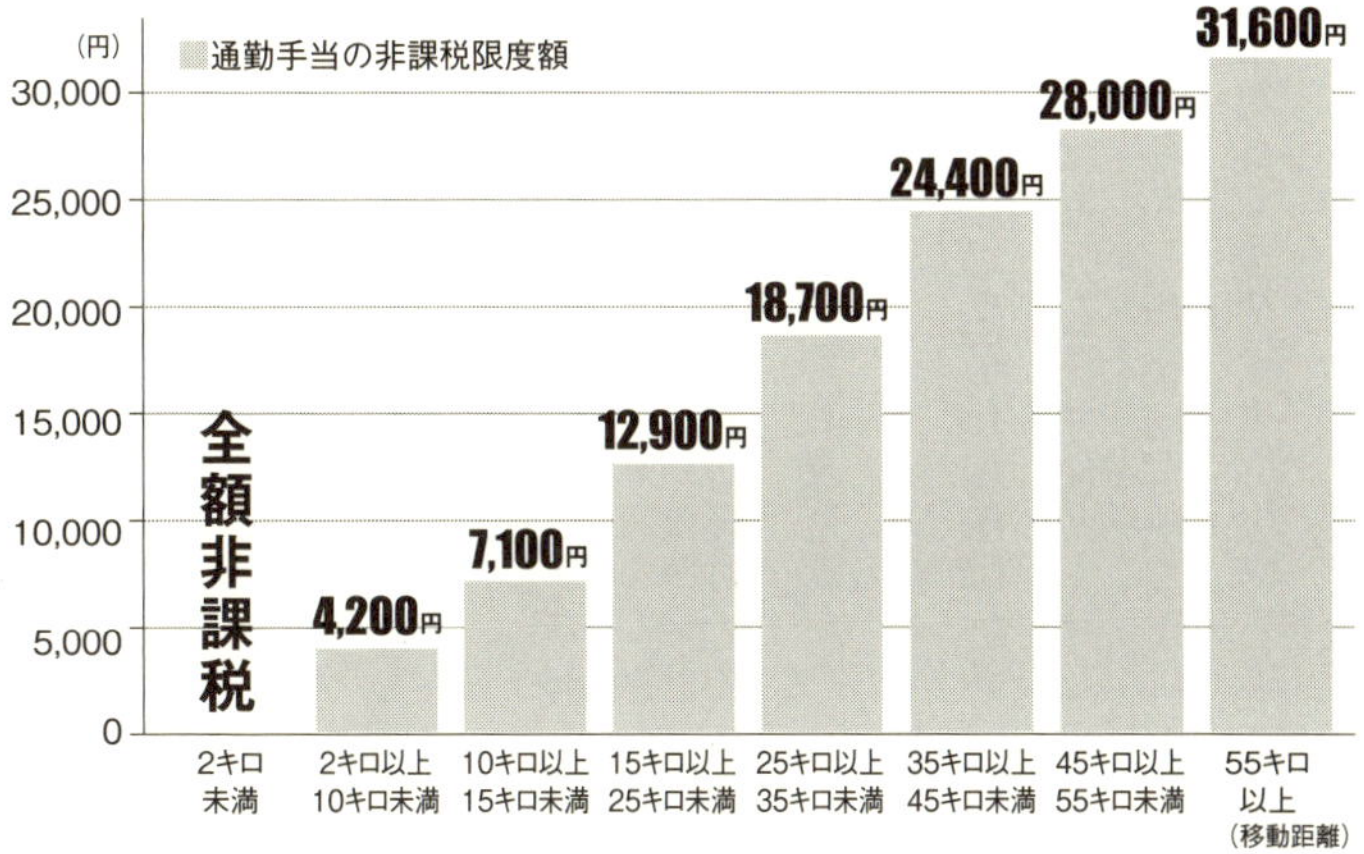

給料としてもらうより通勤手当としてもらったほうが節税になるのだから、社員と相談しその分給料を下げて通勤手当を全額払うようにしたほうがいいのです。

たとえば15万円の通勤費がかかっている人がいるとします。会社から通勤手当は４万円しかもらえず、あとの11万円は自分の給料から払っています。年間、１３２万円は、自腹で通勤費を払っていることになります。

この自腹で払っている分は、給料から出しているわけなので、税金がだいたい所得税と住民税を合わせて20％かかっています。１３２万円の20％なので、だいたい26万円もの損をしているわけです。

もし月15万円満額を通勤手当としてもらえば、26万円もの得となるのです。

通勤手当として認められるのは「経済的で最も合理的な経路で通勤した場合」となっていますが、長距離の場合は新幹線通勤も認められています。ただしグリーン料金などは認められません。

またマイカーや自転車通勤をしている人にも通勤手当は出せます。限度額は表の通りです。この限度内ならば、給料としてもらわずに通勤手当としてもらえば節税となります。

給料の代わりにボーナスを増やしてもあまり意味はない

巷《ちまた》では、以前よく「給料の代わりにボーナスを増やせば社会保険料の節減になる」というようなことが言われました。

確かに以前は、ボーナスは社会保険料の対象になっていませんでしたので、給料よりもボーナスをたくさんもらうことで、社会保険料の節減ができていました。

が、今はこの方法は使えません。

というのも、現在は、法改正により、ボーナスにも社会保険料が普通に課せられるようになったからです。

いや、今でもボーナスの社会保険料は上限があるので、上限を超えるボーナスをもらっ

賞与の社会保険料の対象金額の上限

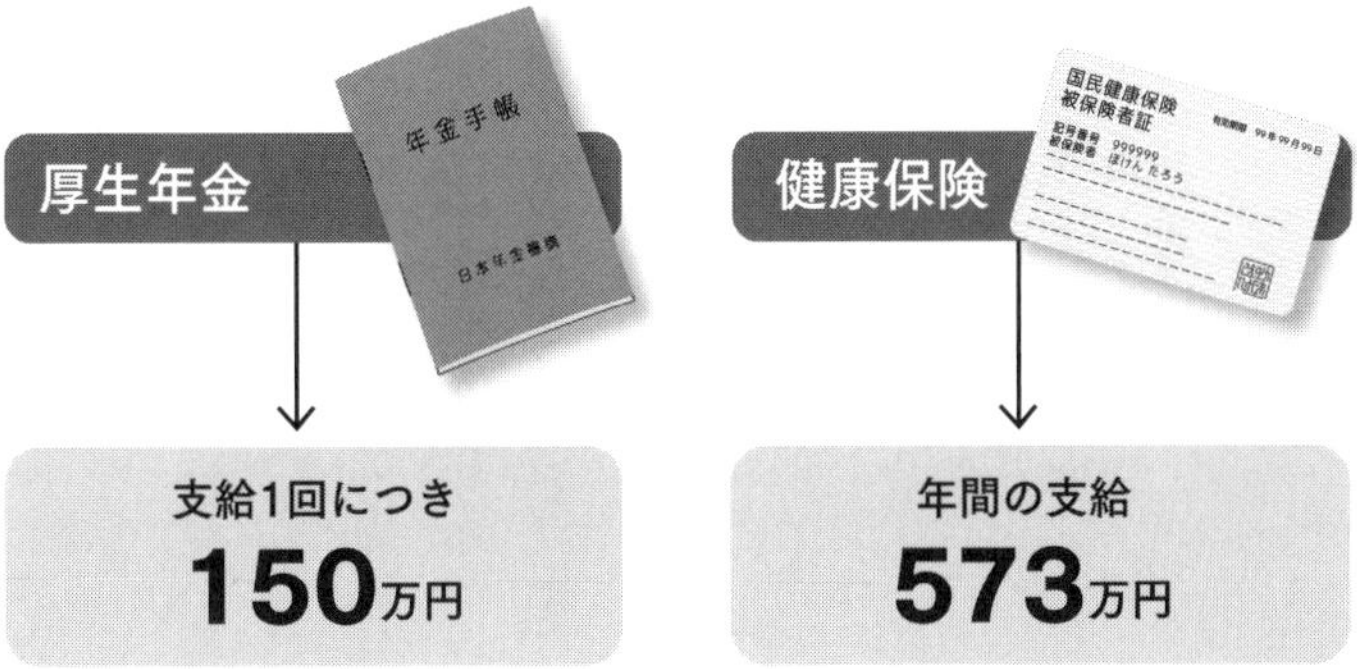

ていれば、社会保険料の節減になります。が、この上限額が異常に高いので、普通の人はほとんど「使えない」のです。

厚生年金は一度の支給につき最高限度額が150万円、健康保険は年間の支給額の最高限度額が573万円と定められています。この金額の保険料が最高値なのです。もしこれ以上の、賞与をもらったとしても、これ以上、保険料は上がりません。

だから、年間の賞与が573万円を超えるのであれば、社会保険料の節減となります。

が、ほとんどのサラリーマンは、そのような高額の賞与をもらっていません。普通のサラリーマンにとって、賞与は普通に社会保険料がかかるものなのです。

1回の支給額が、150万円を超える人は時々いるかもしれません。が、150万円を超えたら頭打ちになるのは、厚生年金のほうであり、健康保険は年間573万円を超えないと頭打ちになりません。厚生年金の掛け金が少なくなるということは、自分の将来の年金額が減ることでもあり、あまり得策ではありません。

何度も言いますが社会保険料の節減は、健康保険を節減しないとあまり意味がないのです。だから、1回の支給額が150万円を超えても、年間の支給額が573万円を超えないと、社会保険料削減の意味はないのです。

つまりは、普通のサラリーマンの場合は、給料の代わりにボーナスを増やしてもあまり意味はないのです。

第6章

国のためにも「給料革命」を起こせ

国の財政悪化の責任を負わされるバカバカしさ

ここまで読んでこられた方の中には、違和感を持たれた方も多いと思います。

「みんなが税や社会保険料を節減するようになれば、日本の社会保障は破綻するのではないか」

「社会保険料は高くても、将来のためにはきちんと負担すべきではないか」

と。

確かに、社会保障制度をまっとうに維持していくためには、国民全体がきちんと社会保険料を応分に負担すべきでしょう。

しかし、それは、日本の社会保障制度が「まっとうなもの」だったならば、の話です。が、筆者の目から見れば、**日本の社会保障制度は欠陥だらけ、不公正だらけ**なのです。この制度にまともに与《くみ》するのは馬鹿げているのです。

税金と社会保険約50％の負担というのは、先進国の中でもかなり高いほうです。北欧などの福祉国家並みの負担率ということになります。

そして政府は、現在の社会保険料の高さは「少子高齢化のため」と喧伝《けんでん》しています。

もし、本当に、「少子高齢化のため」であれば、筆者は何も文句は言いません。

しかし、政府の喧伝は嘘八百なのです。

現在、社会保険料がこれほど跳ね上がったのは、政府のこれまでの巨額の税金無駄遣いのためなのです。


実は政府が負担している社会保障費は、みなさんが思っているよりもはるかに少ないのです。

現在、国の歳出から、毎年30兆円近い額が社会保障費として支出されています。しかしこの社会保障費の半分近くは、医療費に回されているのです。少子高齢化のための、社会扶助、生活保障に使われている費用は非常に少ないのです。

しかも、公的年金に対して国の歳出から支出されている額は、10兆円ちょっとなのです。国の歳出全体の10%ちょっとです。

つまり国は「深刻な高齢化社会で財源が不足している」などと言いつつ、実際に高齢者の年金のために支出しているお金は、国の歳出の1割に過ぎないのです。財政負担としては、まったく重いモノではありません。

本来ならば、こんなに社会保険料を上げずに、もっと国の歳出から高齢者の年金を負担できるはずです。

でも、国はその財源がないのです。

なぜ財源がないと思いますか？

実は、90年代から2000年代にかけて、国は巨額の税金の無駄遣いをしているのです。その結果、巨大な財政赤字を抱える羽目《はめ》になり、少子高齢化対策に財源が回せなくなってしまったのです。そのため少子高齢化対策は、国民の社会保険で賄わざるを得なくなり、近年、社会保険料が急激に上昇しているのです。


現在、日本の財政赤字は1000兆円まで膨《ふく》れ上がっています。

が、その原因は、国が喧伝するような「社会保障費の増大」ではありません。社会保障費は、現在でこそ30兆円ですが、10年ほど前までは20兆円前後でした。この程度の支出が、1000兆円近くの財政赤字の原因となるはずはないのです。

1000兆円に上る財政赤字の最大の要因は、90年代から2000年代に濫発《らんぱつ》した公共事業なのです。

日本は、90年代から2000年代にかけて、630兆円もの巨額の公共事業を行っています。この公共事業費がそのまま財政赤字となって、現在、日本の国家財政を苦しめているのです。そのために、満足に社会保障費を支出することができず、私たちは高い社会保険料を払わされているのです。

金持ちは社会保険料をまともに払っていない

また現在の日本の社会保険料の高さには、もう一つ理由があります。

それは、富裕層の社会保険料の負担率が非常に低いことです。

現在、日本の社会保険料は、年収に応じて掛け金が決まるようになっています。

しかし、年金保険料の対象となる収入には上限があって、これがだいたい月60万円なのです。つまり、60万円以上の収入をもらっている人は、いくらもらっていようが60万円の人と同じ額の保険料しか払わなくていいのです。

となると、毎月600万円もらっている人の保険料率というのは、他の人の10分の1になります。当然、収入が多くなればなるほど、保険料の割合は小さくなるのです。

しかも株などの配当から得た収入には、社会保険料は課せられません。だから億万長者などは、微々《びび》たる額しか払わなくていいのです。

そもそも社会保険というのは個人の貯金ではありません。各人が応分に負担して、社会保障費の負担をする、という制度なのです。

収入の多い人は、収入の少ない人よりも負担率は高くていいはずです。それが日本では逆に、収入の多い人の負担が小さくなっていくのです。

日本の年金財源が少ないのは、この欠陥制度のためでもあるのです。

現在、サラリーマンのうち、年金保険料の上限を超える人（年収800万円超）は十数%もいるのです。これらの人が他の人と同率で年金保険料を払うならば、概算でも5～10兆円程度の上乗せとなります。

たったこれだけのことで、年金保険料収入は一挙に2割から4割増しになるのです。これだけ保険料収入が上がれば、年金問題のほとんどは解決に向かうのです。

つまり「高額所得者が一般の人と同じ率で年金保険料を払えば、年金問題のほとんどは解決する」のです。

特別なことはなにもしなくても、高額所得者が一般の人と同じ率で年金保険料を払えばいいだけのことなのです。

しかし、今の日本の政府は、たったこれだけのことができないのです。

高額所得者は、政治的に強い立場の人が多いので、政府は彼らに負担増をさせることができないのです。そのしわ寄せとして、私たち庶民の社会保険料の増額となっているのです。

今の社会保険料をまともに払うことがどれだけバカバカしいことか、これでご理解いただけたと思います。

私たちは、何も遠慮することなく思う存分、税金と社会保険料の節減を図るべきなのです。

そうすることで、国が今の制度の改善を考える方向にも向かうと思われます。

将来、厚生年金はまともにもらえない

今の日本の税金や社会保険が、本当に国民のために役に立つように制度設計されているのであれば、筆者も、「税金、社会保険料を節減するべき」などとは言いません。

今の税金、社会保険は、正直者が馬鹿を見る制度になっています。

特に現代のサラリーマンは、黙って税金と社会保険を取られるだけ取られて、享受する恩恵はもっとも少ないのです。

たとえば、厚生年金なども、今のサラリーマンは自分が掛けた金額を将来もらえるかどうかさえ、危ういのです。現段階でも、独身者などの場合は、掛け金より受給額が低いケ

ースがあるという試算もされています。

なぜ、年金がこれほど危ういのかというと、もちろん「少子高齢化」のためです。

この少子高齢化は、日本人のライフスタイルが変化したから生じたものと思っている人も多いかもしれませんが、決してそうではありません。確かに、晩婚化や非婚化などライフスタイルの影響はある程度はあるでしょう。

が、一番大きいのは、「若者が結婚するための資力をなかなか得られない」ということにあります。

現代では、結婚し、子供を産み育てるには莫大なお金がかかります。しかし、近年の日本社会は、若者に、十分な賃金の職を満足に与えてきませんでした。

非正規雇用者の男性の非婚率は、正規雇用者の4分の1なのです。つまり、非正規雇用の男性は、事実上「結婚ができない」という状態にあるのです。

2000年代に入って、不況の影響から、非正規雇用者が爆発的に増えました。もし、非正規雇用者がこれほど増えなければ、少子高齢化はここまで進んではいないはずです。

そして、ここが一番大きな問題なのですが、国は、この数十年の間、少子高齢化のための施策をほとんど講じていないのです。

前述しましたように、日本は90年代から２０００年代にかけて、６３０兆円という異常に巨額な公共事業を行いました。

６３０兆円というのは、日本の年間ＧＤＰを超える額であり、当時の国家予算の10年分です。90年代の社会保障費の50年分以上です。

その巨額なお金を何に使ったかといえば…

愚にもつかない箱モノをつくったり、無駄な道路をつくるばかりで浪費してしまったのです。

もし90年代の日本が、６３０兆円を有効に使っていれば、こんな悲惨な社会にはなっていないはずです。

保育所などの施設をつくったり、子育てをしやすくなるような基盤整備に使っていれば、待機児童問題はとっくに解決していたはずです。

また老人や貧困者のための住宅建設を行っていれば、現在の社会保障費の大幅な節減につながっていたはずです。

90年代当時の日本は「これから深刻な少子高齢化社会を迎える」ということが、明確にわかっていました。そして６３０兆円もの巨額の予算があったにもかかわらず、少子高齢化のためにはほとんど使われなかったのです。

この巨額な無駄遣いこそが、今の日本社会に閉塞感を蔓延《まんえん》させた最大の原因だといえるのです。

そして私たちは、この巨大な無駄遣いの代償を間接的に払わされているのです。

これが、現在の高い社会保険料の本当の内訳なのです。

まともに税金や社会保険料を支払うことが、いかにバカバカしいことかこれでわかっていただけたかと思います。

役に立たない雇用保険

日本の社会保険で機能していないのは、年金ばかりではありません。

たとえば、雇用保険なども、欠陥だらけ、矛盾だらけなのです。

雇用保険というのは、解雇や倒産など、もしものときに自分を救ってもらうための保険です。この雇用保険が充実したものであれば、少々景気が悪くても、人々は生活にそれほど影響を受けないで済みます。

しかし、日本の雇用保険は、本当に困ったときには役に立たないのです。

サラリーマンにとって、雇用保険が必要な場面というのは、長年、勤務してきた会社を何らかの形で突然、辞めざるを得なくなったときのはずです。

昨今の経済情勢では、急にリストラされたり、急に会社が倒産したりすることは珍しいことではありません。

そして、雇用保険というのは、そういうときのためにあると言っても過言ではないはずです。

しかし、日本の雇用保険は、そういうときにはまったく役に立たないのです。

20年勤務した40代のサラリーマンが、会社の倒産で失職した場合、雇用保険がもらえる期間というのは、わずか1年足らずなのです。

今の不況で、40代の人の職がそう簡単に見つかるものではありません。なのに、たった1年の保障しか受けられないのです。

職業訓練学校に入れば支給期間が少し延びたりするなどの裏ワザはありますが、それもたかがしれています。

だから日本では、40代以降の人が失業すれば、たちまち困窮してしまうのです。

しかし先進国の雇用保険は、決してこんなものではありません。

先進諸国は、失業保険だけではなく、さまざまな形で失業者を支援する制度があります。

その代表的なものが「失業扶助制度」です。

失業扶助制度というのは、失業保険が切れた人や、失業保険に加入していなかった人の生活費を補助する制度です。

「失業保険」と「生活保護」の中間的なものです。

この制度は、イギリス、フランス、ドイツ、スペイン、スウェーデンなどが採用しています。

たとえばドイツでは、失業手当と生活保護が連動しており、失業手当をもらえる期間は最長18か月だけれど、もしそれでも職が見つからなければ、社会扶助（生活保護のようなもの）が受けられるようになっているのです。

他の先進諸国でも、失業手当の支給が切れてもなお職が得られない者は、失業手当とは切り離した政府からの給付が受けられるような制度を持っています。

その代わり公共職業安定所が紹介した仕事を拒否すれば、失業保険が受けられなかったり、失業手当を受けるためには、財産調査をされたりなどの厳しい制約もあります。

日本の場合は、失業すれば雇用保険はだれでももらえるけれど、期間は短いし雇用保険の期間が終われば、経済的には何の面倒も見てくれないのです。

雇用保険は政治家の集票アイテムになっている

その一方で、日本の雇用保険には、「半年働けば3か月分の給料がもらえる」というような極端に甘い制度もあるのです。つまり雇用保険は、長年働いた人が突然職を失ったときには、ほとんど役に立たず、半年程度働いては辞めるような職を転々とする人が非常に得をするようにできているのです。

あまりにもバランスが悪いと思いませんか？

半年しか働いてない人というのは、会社を辞めてもそうダメージはないはずです。すぐに別の仕事を探せばいいだけなので。

なのに、なぜ「半年働けば3か月分もらえる」というような制度があると思いますか？

これは、実は農業や漁業を配慮したものなのです。農家などでは、農閑期だけ雇われ仕事をする、という人がけっこういます。そういう人たちの中には、毎年、「半年働いて3か月雇用手当をもらう」という、夢のような生活を続けている人も多いのです。

毎年、同じ職場で半年だけ働いて、雇用保険を毎年もらう、というような人もいるのです。これは、もはや雇用保険とは言えませんよね？

生活補助金です。

なぜこれほど農村が優遇されているかというと、農村は、都会に比べて国会議員の人口比議席数が多く配分されているからです。各政党は、都市部のサラリーマンに何かをしてやるより、農村を優遇したほうが票に結び付きやすいのです。だから、雇用保険では「20年働いても1年分しかもらえないのに、半年働けば3か月分もらえる」というようなアンバランスな制度になっているのです。

つまり、政治家が農家の機嫌を取る道具として、都会のサラリーマンがせっせと働いて積み立てた雇用保険が利用されているのです。

また雇用保険や労災保険は、保険料の一部を役人にピンハネされています。

雇用保険、労災保険は、その保険の積立金から、独立行政法人「労働政策研究・研修機構」、独立行政法人「労働者健康安全機構」などの運営費を支出しているのです。

この「労働政策研究・研修機構」「労働者健康安全機構」というのは、ざっくり言えば、厚生労働省の天下り先です。

つまりは、雇用保険、労災の財源を使って、官僚たちは天下り先を確保しているのです。

そもそも雇用保険や、労災というのは、労働者の雇用補償や健康補償のためにあるものです。それを、役人の贅沢《ぜいたく》な生活を維持するために使われているのです。

雇用保険や労災に限らず、日本の社会保険は、こういうことが多々あります。公的年金や健康保険も、官僚の天下り先になっている機関に支出しているケースが多々あるのです。社会保険やそれに類するものは、ほとんどが何らかの形で、国家にピンハネされているといえるのです。

こういう社会保険をまともに払うのは、本当にバカバカしいと思いませんか？

金持ちは税金もまともに払っていない

筆者が、「税金、社会保険料を払うのはバカバカしい」と述べてきたのは、他にも理由があります。

金持ちは、社会保険だけじゃなく、税金もまともに払っていないのです。だから、私たち庶民がまともに税金を払うのはバカバカしいことなのです。

税制上、日本の金持ちの税金は世界一高いということになっています。

日本の所得税の税率は、高額所得者には高く設定されており、税率だけを見るならば、日本の金持ちは税金は世界的に見て高い部類に入るのです。

しかし、日本の金持ちの税金には、さまざまな抜け穴が用意されており、実質的には冗

日米の所得税比較

	 アメリカ	 日本
所得税率（最高税率）	**35**%（2009年当時）	**40**%（2009年当時）
所得税額	**95300**億ドル 日本円（85兆7700億円・90円換算）	**12**兆**9139**億円

「『新富裕層』が日本を滅ぼす」森永卓郎監修　武田知弘著　中央公論新社より

談のように安い税金しか払っていないのです。

それは、アメリカと日本の所得税を比較すれば、よくわかります。

２００９年のアメリカと日本の所得税収を比較すると大きな違いがあることがわかります。

日本の所得税の税収は、わずか13兆円です。

一方、アメリカは、85兆７７００億円（９兆５３００億ドル）もあるのです。

所得税というのは、先進国ではその大半を高額所得者が負担しているものです。

所得税収が低いということは、すなわち金持ちの税負担率が低いということなのです。

２００９年は、為替が90円から１００円の間だったから、少なめに90円で換算しています。今のレートならば、これより10％以上割増しになるはずです。少なめのレートにしても、アメリカの税収はこんなに大きいのです。

日本とアメリカの経済規模の違いは、３倍弱です。だから経済規模から言えば、３倍程度の差じゃないとおかしいのです。

にもかかわらず、アメリカの所得税の税収は、日本の7倍ほどもあるのです。

これは非常におかしな話です。

日本の所得税の最高税率は、アメリカよりも高いのです。最高税率は日本は40％、アメリカは35％なのです。

しかし、日本の所得税の税収はアメリカよりもはるかに低いのです。

なぜだと思いますか？

先ほども言いましたように、日本の金持ちの税金にはさまざまな抜け穴があり、まともに払っていないからなのです。あの拝金主義の権化のように言われているアメリカの金持ちよりも、はるかにはるかに日本の金持ちは税金を払っていないのです。

金持ちの税金は抜け穴だらけ

日本の金持ちにどんな抜け穴があるのか、ざっくりご説明しましょう。

富裕層の税金の抜け穴の代表的なものは、投資家の税優遇制度と、開業医の税優遇制度です。

日本の金持ちの代表的な職業は、投資家と開業医です。この二つで日本の高額所得者の半数近くを占めると見られています。

まず投資家の税金は、前述したように、非常に安く設定されています。

日本では、配当所得は分離課税となっているので、他の所得税の税率よりも相当に低いのです。分離課税というのは、他の収入と切り離して、配当所得だけを別個に計算することです。

この分離課税の最大の特徴は、いくら収入があっても税率が高くならないということです。

配当所得は、「収入が高い人ほど税金が高くなる」という所得税のルールから除外されているのである。現在の税率は所得税、住民税合わせて約20％です。つまり、配当所得は何千万円、何億円収入があろうと、税率は20％なのです。

これは、安月給のサラリーマンと同じ税率なのです。

所得税の税率は、所得に応じて5％～40％の間で上がっていく「累進課税」になっていますが、給料の安いサラリーマンは、所得税の税率が10％になることが多いのです。この所得税の税率10％のサラリーマンにも、住民税は10％かかります。だから、所得税、住民税を合わせて20％の税金を払うことになるのです。

これは、投資家が配当金に課せられる税率と同じなのです。

だから、たとえば、トヨタの社長などは、収入の大半がトヨタからの配当金なので、所得税の負担率は非常に低く、トヨタの社員の負担率よりも低いということになっているのです。

また開業医の税金も、なぜか非常に優遇されています。

具体的に言えば、社会保険診療報酬の約67％を経費として認められているのです（社会保険料報酬が約5000万円未満の場合）。

本来、事業者というのは（開業医も事業者に含まれる）、事業で得た収入から経費を差し引きその残額に課税されます。しかし、開業医の場合は、実際の経費が多かろうと少なかろうと、無条件に売上の67％が経費として認められるのです。現在は、段階的に縮小されてはいますが、現在もこの制度は残っているのです。

また開業医は、普通の事業者ならば払わなければならない事業税も免除されています。収入が多い上に、税金が優遇されているのだから、金持ちになるはずです。

そして、開業医が優遇されているばかりに、日本の医療全体、社会保障全体にしわ寄せがきているのです。開業医の息子や、お金持ちの家の医学生は、みな開業医になりたがります。

そのため、救急病院、公立病院の勤務医などが不足するというような事態が起きているのです。

また現在、国の歳出でもっとも高い割合を占めているのは、社会保障費ですが、この社会保障費で一番大きい支出は医療費なのです。この状態は、数十年間続いているのです。

日本は、少子高齢化社会で、高齢者の年金などのために社会保障費がかさんでいると思っている人も多いようですが、**日本の社会保障費が高い原因は、医療費にある**のです。

このような中で、私たち庶民だけが、まともに税金や社会保険料を払うことは非常にバカバカしいことでしょう?

「給料革命」は国の景気もよくする

会社と社員が税金と社会保険料を削減し、実質的な収入を増やすということは、その会社と社員が得をするだけではありません。

日本全体の景気も必ずよくなるのです。

「我田引水《がでんいんすい》的なことを言っていやがる」

と思う人もいるでしょう。

が、これは理論的、データ的に明確に言えることなのです。

バブル崩壊以降、日本はデフレに苦しんできました。「デフレ不況」が、もう20年近くも続いているわけです。

このデフレの最大の要因は、実は、「サラリーマンの待遇悪化」なのです。

バブル崩壊以降、大企業を中心に、人件費を削るだけ削るということが行われました。日本企業の業績自体は悪くなかったのに、人件費を削り、少しでも企業の業績を上げようとしたのです。企業は、この20年で人件費を20％近くカットし、内部留保金を１００兆円以上増やしています。

しかし、これは日本の市場を大きく狭《せば》めるものでした。

サラリーマンは給料で、いろんなものを買ったり、サービスを受けたりします。

つまり人件費として支出された金は、社員の収入になり、それがまた誰かの収入になります。そうやって、お金というのは循環していくものなのです。

しかし、企業が人件費を削るだけ削ればどうなるでしょう?

この20年、サラリーマンの平均賃金が下がり続け、派遣社員が激増しました。まともに働いても、まともに生活できないワーキング・プアなども出現してきました。

日本経済全体としては悪くなかったのに、国民の生活の基盤が脅かされるようになったのです。

当然のことながら、消費は冷え込みます。


あまり知られていませんが、この20年間、賃金が下がっているのは、先進国では日本だけなのです。他の国はどこも（景気が悪い国でも）賃金は上がっているのです。

前述したように、バブル崩壊後の日本経済というのは、それほど悪くなかったのです。

2000年代には、史上最長と言う好景気の時期もあり、トヨタなど史上最高収益を出した企業も多々ありました。

経済評論家の中には、「デフレになったから、給料が下がった」というようなことを言う人もいます。だから「デフレを解消すれば給料も上がる」というわけです。

しかし、データを見ればそうではないことがわかります。

次ページの表を見てください。これは、サラリーマンの平均給与と物価の推移です。

サラリーマンの平均給料は平成9年をピークに下がりはじめています。しかし物価が下がり始めたのは平成10年です。

つまり給料のほうが早く下がり始めているのです。

これをみると、デフレになったから給料が下がったという解釈は、明らかに無理があります。現在の日本のデフレの最大の要因は、賃金の低下と捉えるのが自然だといえます。

給料が下がったので消費が冷え、その結果物価が下がったというのが、ごく当然の解釈になるはずです。

バブル崩壊以降、財界は「国際競争力のため」という御旗を掲げ、賃金の切り下げやリストラを続けてきました。また正規雇用を減らし、収入の不安定な非正規雇用を激増させました。

その結果、消費の低下を招き、デフレを引き起こしたのです。

この20年の平均賃金と物価指数の推移

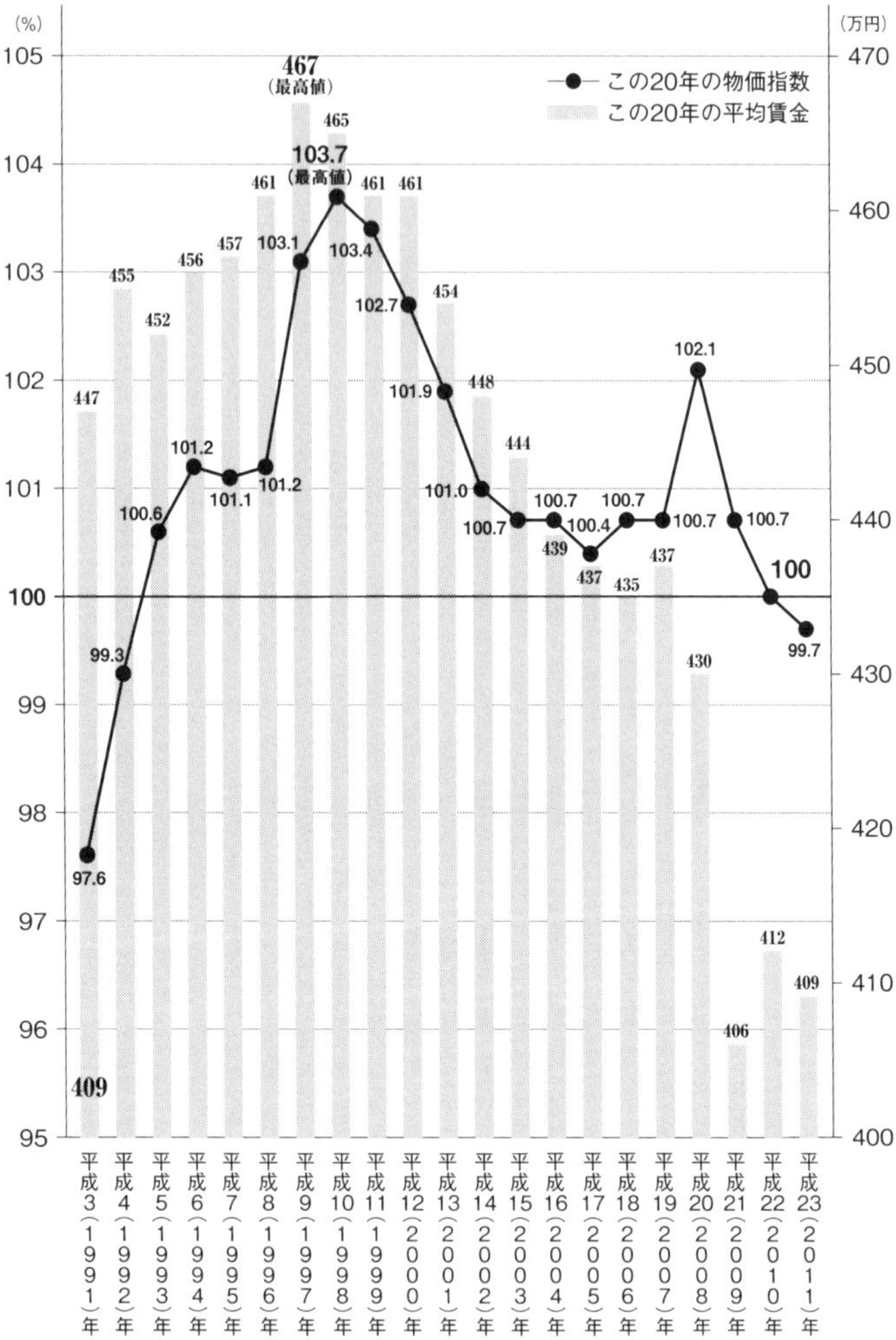

金融庁と国税庁の統計発表から著者が抜粋

現在の安倍内閣も、さすがにこの問題には気づいており、財界に対して賃金の引き上げを要求してはいます。

しかし、この20年間で下げられた賃金に比べれば、まだまだまったく足りないと言えます。昨今の賃金上昇くらいでは、消費税の増税分にも足りないのです。

なぜ先進国の中で日本だけがデフレなのか？

デフレの要因が賃金であることのわかりやすい証拠をもう一つ挙げましょう。

実は、近年、デフレで苦しんでいるのは、先進国の中ではほぼ日本だけなのです。他の先進国も、さまざまな経済問題を抱えていますが、少なくとも「デフレ問題」は抱えていないのです。

では、他の先進国は、賃金関係はどうかというと、ちゃんと上昇しているのです。近年、先進国の中で、賃金が上がっていないのは主要先進国では日本だけなのです。

次ページの表を見てください。

これは製造業の時間当たりの賃金です。

２０００年から２０１０年までの賃金を見ると、日本以外の国は、どこも大きく上昇し

この10年の主要先進国の賃金（製造業・1時間当たり）

	日本（円）	アメリカ（ドル）	イギリス（ポンド）	ドイツ（ユーロ）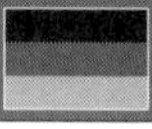	フランス（ユーロ）
2000年	2266	18.79	11.47	21.09	16.66
2003年	2248	20.75	12.73	22.74	18.72
2004年	2289	20.63	13.21	22.84	19.35
2005年	2303	21.58	12.85	23.28	19.92
2006年	2314	22.59	13.29	24.05	20.62
2007年	2253	23.60	13.63	24.65	21.34
2008年	2288	24.39	14.44	25.23	22.02
2009年	2269	24.85	14.37	25.63	22.02
2010年	2244	24.91	14.18	25.62	22.79

データブック国際労働比較2013年度版より

ています。アメリカなどは30%も上がっています。イギリスも、ドイツも、フランスも20%以上は上がっているわけです。

でも、日本だけが上がるどころか下がっているのです。

この10年間というのは、先進諸国はどこもリーマンショックの影響を受けています。でも、賃金はちゃんと上がっています。だから、デフレにもなっていないと考えられるのです。

つまり、先進国で日本だけが賃金が上昇していない、そして、日本だけがデフレ状態。この面から見ても、賃金の低迷がデフレを招いているというのは明白なわけです。

賃金が下がれば経済が縮小するのは当たり前

バブル崩壊後の日本経済というのは、「経済成長」「国際競争力」という旗印のもとで、人件費を犠牲にしてきました。

しかし、それは一時的な経済成長はもたらしますが、日本経済にとってしっかりとした地力をつけることには結びつかなかったのです。

これは、よく考えれば当然の話です。

当たり前のことですが、経済というのは企業の力だけがいくら強くても成り立ちません。企業のつくったもの（サービス）を買ってくれる「豊かな市場」があって、はじめて企業は存在できるのです。

企業が人件費を切り詰めれば、一時的に収益が上がります。だから、それで経済成長したように見えます。

しかし、企業が人件費を切り詰めれば、国民の収入は下がり、購買力も低下します。国民の購買力が低下するということは、企業にとっては、「市場が小さくなる」ということです。市場が小さくなっていけば、企業は存続できなくなります。

サラリーマンの給料の総額は、平成10（1998）年をピークに、15％以上も下がっています。これは日本全体の企業が社員に支給している給料の総額が、15％以上下がっているということです。

なぜこれほど下がっているのか、というと、企業が賃金を下げた上に、派遣社員への切り替えを加速させたからです。

つまり給料が下がった上に正社員自体も減っているので、支払い総額が大きく減じたということです。

それは、当然、国民の購買力の低下を意味します。

給料の総額が15％以上下がっているのだから購買力もそれだけ下がっているということです。

何度も言いますがバブル崩壊以降、日本経済はそれほど悪くなかったのです。

ＧＤＰ（名目）は増えているのに、賃金（名目）は15ポイント以上も下がっているのです。つまり、日本経済の市場は15ポイント以上も縮小しているといえるのです。

こうなれば消費が減って当たり前ということです。

給料が減れば、財布のヒモも固くなります。となれば、給料の減少以上に消費が減ることになります。

消費が減れば、モノが売れなくなり、モノは安くなります。

それがデフレの要因になるのです。

賃金が下がったのは国の責任

これだけ賃金が下がったのは、企業のせいばかりではありません。

国にも大きな責任があるのです。

というのも、バブル崩壊以降、国は、企業の賃下げや、派遣社員の増加を後押しするような政策ばかりを講じてきたのです。

というのも昨今、日本では、最低賃金が非常に低く抑えられていました。最低賃金というのは国が決めることで、企業が決めることではありません。

国が最低賃金を決めたならば、企業はそれに従わなくてはならないのです。つまり、最低賃金というのは、国の意向でどうにでもなるのです。

だから今の日本の賃金が低いのは、国が最低賃金を低く抑え込んできたということでもあるのです。

次ページの表のように、日本は他の先進国に比べ、最低賃金の上昇が非常に低いのです。

先進国の最近の最低賃金の推移（2005年を100とした場合）

国名	2005年	2010年
日本	100	109
アメリカ	100	141
カナダ	100	140
イギリス	100	117
韓国	100	133

各国統計より著者が作成

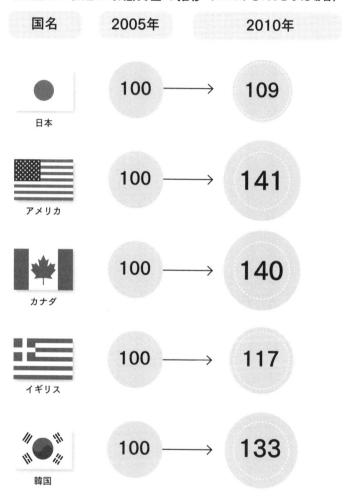

安倍政権により、平成25年度から最低賃金は約2％引き上げられることになりました。しかし、これは焼け石に水という程度なのです。この10年間、ほとんど引き上げられなかったことを考えれば、まったく不足なのです。

また派遣社員が急増したのも、国の責任が大きいのです。

派遣社員が急増したのは、1999年に労働派遣法が改正されてからです。それまで26業種に限定されていた派遣労働可能業種を、一部の業種を除外して全面解禁したのです。2004年には、さらに派遣労働法を改正し、1999年改正では除外となっていた製造業も解禁されました。これで、ほとんどの産業で派遣労働が可能になったのです。

派遣労働法の改正が、非正規雇用を増やしたことは、データにもはっきり出ています。90年代半ばまでは20％程度だった非正規雇用の割合が、98年から急激に上昇し、現在では35％を超えています。

結局、それが日本の国民全体の購買力を低下させ、デフレを招き、そのデフレが景気を悪くさせる、という悪循環にはまりこんでいるのです。その悪循環が、バブル崩壊以降ずっと続いているのです。

「サラリーマンの待遇をよくすること」は日本の緊急課題

となれば、デフレを克服する方法は、簡単です。

給料を上げればいいだけの話です。

といっても、会社の中には、低空飛行を続けているところもかなりありますし、中小企業は慢性的に苦しい状態が続いていますから、簡単に給料を上げることができない会社も多いはずです。

そういう会社こそ、ぜひ「給料革命」を起こしてほしいのです。

給料革命を起こせば、今までと変わらない人件費で、社員の実質賃金を上げることができます。そして社会保険料負担額の節減や、消費税の節減などで、会社にも大きなメリットが生じます。

もちろん、税金、社会保険料を節減すると、国の税収や社会保険料収入が減ることになります。

が、**それでいいんです！**

これまで散々ご紹介してきましたように、国の財政や社会保障のシステムは、完全に故障していいます。まったくまともに機能していないのです。

根本的、全面的な改革が必要なのです。

が、会社や国民が、これまで通りに黙って税金や社会保険料を払い続けていれば、政治家や官僚は、なかなか根本的なシステム改善をしようとしません。問題を先送りにして、その場その場でしのごうとします。

欠陥だらけの財政、社会保障システムの抜本的な改革を早くさせるためにも、日本の企業全体が「給料革命」を起こして、国に「欠陥システムを直さないなら、税金や社会保険料はまともに払わない」というプレッシャーをかけるべきなのです。

つまりは「税金革命」は、会社や社員のためだけじゃなく、国の将来のためにも必要なことなのです。

あとがき

日本のサラリーマンの税金、社会保険料は、本当に高いです。

国は絞りとるだけ絞りとっているという状態です。

しかも、それだけ高い税金、社会保険料を払っても、見返りはほとんど期待できません。

政府は相変わらず、わけのわからない経済対策などで何十兆円もの莫大な税金を使いつつ、たった数千億円で済む待機児童問題さえ先送りしているのです。

超高齢化社会が目の前に迫っており、しかも出生率はまったく改善されていないという厳しい現実から目をそらし、東京オリンピックを開催すれば景気が良くなって、明るい未来が開けるというような幻想を抱いているのです。もはや、この国は末期症状にきているのかもしれません。

元官僚として言っておきますが、「政治家や官僚に任せておけば大丈夫」などと思ってはなりません。

多くの日本人は、「なんやかんや言っても、日本の指導者も悪いようにはしないはず」と思っています。

が、もし、そうであるなら、ここまで少子高齢化が深刻化するまで放置したりはしないはずです。もう何十年も前から、日本が少子高齢化になるということはわかっていたのです。にもかかわらず、政治家や官僚たちは、その日暮らしの問題先送りを続けてきたのです。そして、いまだに少子高齢化問題に対して本気で取り組もうとはしていないのです。

ここから先は、みなさん、自分の身は自分で守らなければならないのです。

それは、会社もサラリーマンも同様です。

今までのように、言われるままに税金や社会保険料を払うのではなく、自分のために最善の策を施していくべきだと思います。

そのきっかけの一つになれば、と本書を執筆した次第です。

最後に、ビジネス社の唐津氏をはじめ、本書を制作するにあたって、尽力いただいた皆様にこの場をお借りして御礼を申し上げます。

みなさんの税金、社会保険料が少しでも安くなることを祈念しつつ……。

２０１７年秋

著者

著者略歴

大村大次郎（おおむら・おおじろう）

大阪府出身。元国税調査官。国税局で10年間、主に法人税担当調査官として勤務し、退職後、経営コンサルタント、フリーライターとなる。執筆、ラジオ出演、フジテレビ「マルサ‼」の監修など幅広く活躍中。主な著書に『世界が喰いつくす日本経済』『ブッダはダメ人間だった』『「見えない」税金の恐怖』『得する確定拠出年金』『完全図解版　あらゆる領収書は経費で落とせる』『税金を払う奴はバカ！』（以上、ビジネス社）、『「金持ち社長」に学ぶ禁断の蓄財術』『あらゆる領収書は経費で落とせる』『税務署員だけのヒミツの節税術』（以上、中公新書ラクレ）、『税務署が嫌がる「税金０円」の裏ワザ』（双葉新書）、『無税生活』（ベスト新書）、『決算書の９割は嘘である』（幻冬舎新書）、『税金の抜け穴』（角川 one テーマ 21）など多数。

99%の会社も社員も得をする給料革命

2017年11月１日　第１刷発行

著　者　　大村 大次郎
発行者　　唐津 隆
発行所　　株式会社ビジネス社
〒162-0805　東京都新宿区矢来町114番地 神楽坂高橋ビル5階
電話　03(5227)1602　FAX　03(5227)1603
http://www.business-sha.co.jp

印刷・製本　大日本印刷株式会社
〈カバーデザイン〉渡邊民人（タイプフェイス）
〈本文組版〉茂呂田剛（エムアンドケイ）
〈編集担当〉本田朋子
〈営業担当〉山口健志

ISBN978-4-8284-1982-4